"Publíquese esta Obra («El Poema del Hombre-Dios»)
tal como está. No es necesario dar ninguna opinión
acerca de su origen o de si puede ser extraordinario o
no "

Su Santidad el Papa Pío XII,
26 de Febrero 1948.

Código De Ley Canónica

Canon 66 "La economía cristiana, por tanto, ya que es la Alianza nueva y definitiva, nunca pasará; y ninguna nueva revelación pública se espera antes de la manifestación de nuestro Señor Jesucristo". Aún, aunque la Revelación esté acabada, no ha sido completamente explicitada; corresponderá a la fe cristiana comprender gradualmente todo su contenido en el curso de los siglos.

Canon 67 A través de los siglos, ha habido revelaciones llamadas "privadas", algunas de las cuales han sido reconocidas por la autoridad de la Iglesia. Ellas no corresponden, sin embargo, al depósito de la fe. No es su rol mejorar o completar la Revelación definitiva de Cristo, sino para ayudar a vivirla más plenamente en una cierta época de la historia. Guiada por el Magisterio de la Iglesia, el sensus fidelium sabe discernir y acoger lo que en estas revelaciones constituye una llamada auténtica de Cristo o de sus santos a la Iglesia.

La fe cristiana no puede aceptar "revelaciones" que pretenden superar o corregir la Revelación de la que Cristo es el cumplimiento, como es el caso de ciertas religiones no cristianas y también de ciertas sectas recientes basadas en tales "revelaciones".

Lamb Books
Adaptaciones ilustradas para toda la familia

LAMBBOOKS

Publicado por Lamb Books, 2 Dalkeith Court, 45 Vincent Street, London SW1P 4HH;

Reino Unido, EE.UU. FR, IT, ES, PT, DE

www.lambbooks.org

Publicado por primera vez por Lamb Books 2013

Esta edición

001

Texto copyright @ Lamb Books Nominado, 2013

Ilustraciones autor @ Lamb Books, 2013

El derecho moral del autor e ilustrador ha afirmado

Reservados todos los derechos

El autor y editor Agradecemos al Centro Editoriale Valtoriano en Italia para el permiso para citar el Poema del Hombre-Dios por María Valtorta, por Valtorta Publishing

Situado en Boookman Old Style R

Impreso en el Reino Unido por CPI Group (UK) Ltd, Croydon, CR0, 4YY

Lázaro:

Que Bella Rubia

LAMBBOOKS

Agradecimientos

El material de este libro es una adaptación del El Poema Del Hombre Dios (El Evangelio Según Lo Revelado A Mí) de Maria Valtorta, aprobado por primera vez por el Papa Pío XII en 1948, cuando en una reunión el 26 de Febrero de 1948, presenciado por otros tres sacerdotes, ordenó a los tres sacerdotes presentes "Publicar este trabajo, tal como es".

En 1994, el Vaticano hizo caso a las llamadas de los cristianos en todo el mundo y han comenzado a examinar el caso de la Canonización de Maria Valtorta (Pequeño Juan).

El Poema Del Hombre Dios fue descrito por el confe sor de Pío "como edificante". Las revelaciones místicas han sido durante mucho tiempo jurisdicción de los sacerdotes y los religiosos. Ahora, están al alcance de todos. Que todos los que lean esta adaptación, también lo encuentren edificante. A través de este punto de vista, la fé puede ser renovada.

Gracias especiales al Centro Editoriale Valtortiano en Italia por su autorización para citar el Poema del Hombre Dios por María Valtorta, llamada también Pequeño Juan.

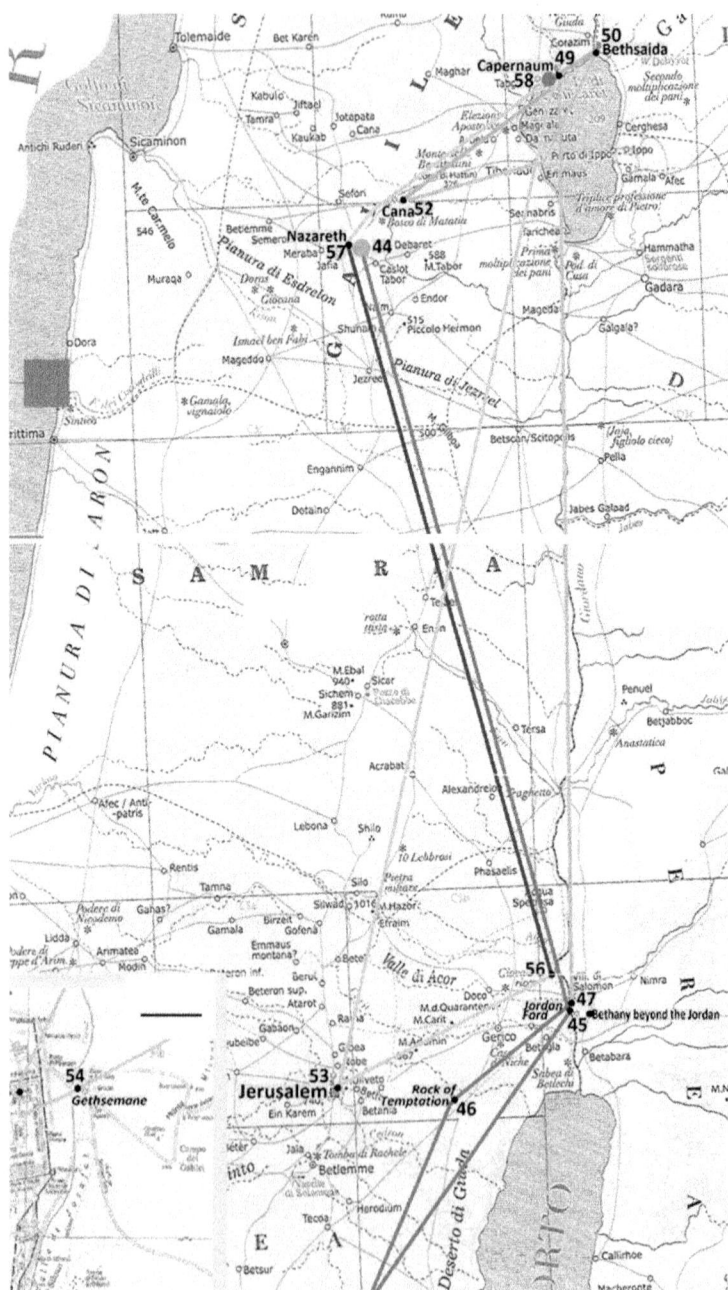

Contenido

Jesús Con Judas Iscariote Encuentra A Simón Zealote Y Juan

'¿Tú estás seguro de que él vendrá?' Pregunta Judas Iscariote mientras camina arriba y abajo con Jesús cerca de una de las puertas en el recinto del Templo.
'Estoy seguro. Él se iba a Betania al amanecer y en Getsemaní se encontraría con Mi primer discípulo...'
'Hay una pausa. Entonces Jesús se detiene frente a Judas y lo mira fijamente, estudiándolo de cerca.
Luego coloca una mano sobre el hombro de Judas y le pregunta: "¿Por qué Judas, no Me dices lo que piensas?'
'¿Qué pensamientos? No tengo ningún pensamiento especial, Maestro, en este momento. Te he preguntado incluso demasiadas preguntas. Por cierto, no Te puedes quejar de mi mutismo.'
'Me preguntas muchas preguntas y tú me das muchos detalles sobre la ciudad y sus habitantes. Pero no te descargues en Mí.. ¿Crees que es importante para Mí, lo que me dices acerca de la riqueza de las personas y de los miembros de tal o cual familia? Yo no soy un holgazán que ha venido aquí a pasar el tiempo. Sabes por qué he venido. Y que bien puede darse cuenta de que yo estoy interesado en ser el Maestro de mis discípulos, como la cosa más importante. Por lo tanto,

quiero sinceridad y la confianza de ellos. ¿Tu padre fue afectuoso contigo, Judas? '

'Él fue muy afectuoso conmigo. Estaba orgulloso de mí. Cuando volvía a casa después de la escuela, e incluso después, cuando volví a Kerioth de Jerusalén, él quería que yo le cuento todo. Él se interesaba por todo lo que hacía y él se regocijaba si eran cosas buenas, él me consolaba si no eran tan buenas, aunque a veces, sabes, todos cometemos errores - si yo había cometido un error y había sido culpado por ello, él me enseñaba la imparcialidad de enfrentar lo que había recibido, o la injusticia de mi acción. Pero lo hizo con tanta suavidad ... parecía un hermano mayor. Él siempre terminaba diciendo: 'Lo digo porque quiero que mi Judas sea justo. Quiero ser bendecido a través de mi hijo. 'Mi padre ...'

Jesús, Quién ha observado cuidadosamente cuán conmovido Judas está recordando los recuerdos de su padre, dice: ' Ahora, Judas, estate seguro de lo que voy a decirte. Nada hará a tu padre muy feliz, que ser Mi discípulo fiel. Tu padre, quien te crió como tú dijiste, debe haber sido un hombre justo y su alma se regocijará, que está esperando la luz, viendo que tú eres Mi discípulo. Pero para ser tal, debes decirte a tí mismo: "He encontrado a mi padre perdido, el padre, que era como un hermano mayor para mí, lo he encontrado en mi Jesús, y Le contaré todo, como antes le contaba a mi amado padre, sobre cuya muerte todavía estoy de luto, para que pueda recibir orientación de Él, bendiciones o una especie reproche 'Quiera Dios, y sobre todo, pueda que me comporte de manera que Jesús siempre te dirá: 'Tú eres bueno. Yo te bendigo.'

¡Oh! ¡Sí, Jesús! Si me amas mucho, me esforzaré por ser

bueno, como quieres y mi padre quería que yo fuera. Y mi madre ya no tendrá dolor en su corazón. Ella solía decir: 'Tú no tienes guía, mi hijo, y todavía necesitas una tanto. 'Cuando ella sepa que te tengo a Tí.'
'Te amaré como ningún otro hombre posiblemente podría amarte, voy a amarte tanto, yo Te amo. No Me defraudes.' 'No, Maestro, no lo haré. Yo estaba lleno de conflictos. La envidia, los celos, el afán de superación, la sensualidad, todo se enfrentaron en mí contra la voz de mi conciencia. Incluso hace poco, ¿ves? Tú me hiciste sufrir. Es decir: no, no Tú. Era mi naturaleza malvada ... Pensé que era Tu primer discípulo ... y, ahora sólo me has dicho que Tú ya tienes uno. '
'Lo viste por ti mismo. ¿No recuerdas que en la Pascua estaba en el Templo con muchos Galileos?'
'Pensé que eran amigos ... Pensé que era el primero en ser elegido para tal destino, y que, por tanto, yo era el más querido.'
'No hay distinciones en Mi corazón entre el primero y el último. Si el primero de ellos debe errar y el último fuera un hombre santo, entonces no habría una distinción ante los ojos de Dios. Pero voy a amar de la misma manera: Voy a amar al hombrede una vida santa con un amor dichoso, y al pecador con un amor sufriente. Pero aquí está Juan viniendo con Simón. Juan, Mi primer discípulo, Simón, aquel de quién te hablé hace dos días. Tú ya has visto a Simón y a Juan. Uno de ellos estaba enfermo...'
¡Ah! El leproso! Recuerdo. ¿Es él ya Tu discípulo? ‹
'Desde el día siguiente.'
'¿Y por qué tuve que esperar tanto tiempo?'
'¡Judas!'

'Tienes razón. Perdóname.'
Juan ve al Maestro, Le señala a Él a Simón y se
apresuran.
Juan y el Maestro se besan. Simón, en cambio, se echa
a los pies de Jesús y los besa, exclamando: ' ¡Gloria a mi
Salvador! Bendice a Tu siervo que sus acciones puedan
ser santas ante los ojos de Dios y que pueda glorificarlo a
Él y Bendecirlo por darme a Tí.'
Jesús coloca Su mano sobre la cabeza de Simón: ' Sí, Yo
te bendigo para agradecerte por tu trabajo. Levántate,
Simón. Este es Juan, y este es Simón: aquí está Mi
último discípulo. Él también quiere seguir a la Verdad.
Por lo tanto, es un hermano para todos vosotros.'
Se saludan entre sí: los dos habitantes de Judea
inquisitivamente, Juan sinceramente.
'¿Estás cansado, Simón? 'Le pregunta Jesús.
'No, Maestro. Con mi salud he recuperado una vitalidad
nunca me había pasado.'
'Y yo sé que tú haces buen uso de ella. He hablado con
mucha gente y todos Me dijeron que ya los has instruido
acerca del Mesías.'
Simón sonríe felizmente. 'También anoche hablé de Ti
a alguien que es un Israelita sincero. Espero que Tú lo
conozcas algún día. Me gustaría Llevarte con él.'
'Eso es muy posible.'
Judas se une a la conversación: 'Maestro, Tú prometiste
venir conmigo, a Judea.'
'Y lo haré. Simón continuará enseñando a la gente de
Mi venida. El tiempo es corto, Mis queridos amigos, y
la gente es mucha. Ahora voy a ir con Simón. Vosotros
vendréis y Me encontraréis esta tarde en el camino hacia
el Monte de los Olivos y daremos dinero a los pobres. Id

ahora.'

Cuando Jesús está a solas con Simón, Él le pregunta:
'¿Es esa persona en Betania un verdadero Israelita? '
'Él es un verdadero Israelita. Sus ideas son las que
prevalecen, pero él está realmente anhelando por el
Mesías. Y cuando le dije: 'Ahora Él está entre nosotros',
respondió de inmediato: 'Me siento bendecido por estar
viviendo este momento.'
'Iremos a él un día y llevaremos nuestra bendición a su
casa. ¿Has visto al nuevo discípulo?'
'Si, es joven y parece inteligente.'
'Sí, lo es. Dado que tú eres de Judea, tú te llevarás más
con él que los otros, debido a sus ideas. '
'¿Es un deseo o una orden?.'
'Una especie de orden. Tú has sufrido y puedes ser más
indulgente. El dolor enseña muchas cosas.'
'Si Tú me das una orden, voy a ser totalmente indulgente
con él.'
'Sí. Sea por lo que sea. Tal vez Pedro, y él no sea el único,
será algo molesto ver cómo Me cuido y Me preocupo
acerca de este discípulo. Pero un día, ellos comprenderán
... Cuanto más deformado es, más ayuda necesita.
'Los otros ... ¡oh! Los otros se forman correctamente,
también por sí mismos, por simple contacto. Yo no quiero
hacer todo por Mí mismo. Quiero la voluntad del hombre
y la ayuda de otras personas para formar un hombre. Te
pido que Me ayudes ... y estoy agradecido por la ayuda.'
'Maestro, ¿Crees que él Te defraudará?'
'No. Pero él es joven y se crió en Jerusalén.'
'¡Oh! cerca de Ti él modificará todos los vicios de esa
ciudad ... estoy seguro. Yo ya estaba viejo y endurecido
por el odio amargo, y sin embargo, he cambiado por

completo después de Verte...'

Jesús susurra: '¡Qué así sea! 'Luego, en voz alta: 'Vamos al Templo. Voy a evangelizar a las personas.'

Jesus Llora Por Judas Y Simón El Zelote Lo Conforta

Jesús está en un campo muy fértil, lleno de magníficos huertos y viñedos con enormes racimos de uvas comenzando a tornarse oro o rubí. Él acaba de terminar de hablar y ahora está sentado en un huerto, comiendo algo de fruta ofrecida por el agricultor. 'Es un placer para mí, Maestro, saciar Tu sed .... ', dice el agricultor. '... Tu discípulo había hablado con nosotros de Tu sabiduría, pero todavía estábamos asombrados cuando Te escuchamos. Cercanos como estamos a la Ciudad Santa, vamos allí a menudo para vender nuestra fruta y verdura, y luego subimos al Templo y escuchamos a los rabinos. Pero ellos no parecen ser como Tú. Solíamos venir lejos diciendo: '¿ Si eso es así, ¿quién será salvado? '¡Contigo, es completamente diferente! ¡Oh! Parece que estamos tan alegres! Aunque adultos, nos sentimos como niños en nuestros corazones. Soy un ... hombre rudo y yo no soy bueno en hacerme entender. ¡Pero estoy seguro de que Tú me entiendes!'
'Sí, lo creo. Quieres decir que, si bien vosotros tenéis el conocimiento y la madurez de un adulto, después de escuchar la Palabra de Dios, sentís la sencillez, fe y pureza revivida en vuestro corazón, como si fuerais un

niño otra vez, sin culpa o dolor, pero con tanta fe, como cuando os llevaron al Templo por primera vez por vuestra madre, y orasteis de rodillas. Eso es lo que quieres decir.' 'Sí, eso, sólo eso. Vosotros sois afortunado porque siempre estáis con Él', él le dice a Juan, Simón y Judas, que están sentados en un muro bajo, comiendo higos jugosos. Y me siento honrado porque Tú fuiste mi invitado por una noche. No tengo miedo de cualquier desgracia en mi casa, porque Tú la has bendecido.' Jesús responde: 'Una bendición es eficaz y duradera si las almas de los hombres son fieles a la Ley de Dios y a Mi doctrina' ... responde Jesús.... Por lo demás la gracias dada cesa. Y es justo. Porque si bien es cierto que Dios concede sol y aire fresco para el bien y para el mal, para que puedan vivir y ser mejores si son buenas, y puedan convertirse si son malos. También es justo que la protección del Padre deba volverse como castigo para los malvados, para recordarles a Dios, por medio de un poco de dolor.

'¿El dolor no siempre es malo? '

'No, mi amigo. Es malo desde un punto de vista humano, pero de un ser sobrenatural es bueno. Aumenta los méritos de las personas justas, quienes lo aceptan sin desesperar o rebelarse y que ofrecen, ya que se ofrecen a sí mismos con resignación, como un sacrificio para expiar sus propias imperfecciones y los defectos del mundo, y es una redención para los que no son buenas.' '¡Es tan difícil sufrir!' dice el agricultor, quién ha estado acompañado por sus familiares, cerca de diez personas todos, adultos y niños.

'Yo sé que al hombre le resulta difícil. Y sabiendo que sería tan difícil, el Padre no le ha dado a Sus hijos ningún dolor. Vino con el pecado. Pero ¿cuánto tiempo permanence el pesar sobre el polvo? ¿en la vida de un hombre? Un tiempo corto. Siempre es corto, aunque dure toda la vida. Ahora digo: ¿No es mejor sufrir por un corto período de tiempo en lugar de para siempre? ¿No es mejor que sufrir aquí que en el Purgatorio? Considerad la posibilidad de que el tiempo no se multiplica una y mil veces a uno. ¡Oh! En verdad os digo: no debéis maldecir el dolor, sino bendecirlo, y debéis llamarlo 'gracia' y 'misericordia.'

'¡Oh! ¡Tus palabras, Maestro! Son tan agradables para nosotros como el agua de un ánfora de miel fresca a un hombre con sed de verano. ¿Realmente Tú te vas lejos mañana, Maestro? '

'Sí, Me voy mañana. Pero voy a volver de nuevo. Para darte las gracias por lo que has hecho por Mí y Mis amigos, y para pedirte un poco más de pan y descanso.'

'Tú siempre los encontrarás aquí, Maestro.'

Un hombre con un burro cargado con verduras se acerca.

'Aquí estoy, Si tu amigo quiere ir ... Mi hijo va a Jerusalén para el gran mercado Parasceve.'

'Ve, Juan. Ya sabes lo que tienes que hacer. Dentro de cuatro días nos volveremos a encontrar. Mi paz sea contigo. Jesús abraza y besa a Juan y Simón hace lo mismo.

'Maestro', dice Judas. 'Si Tú me lo permites, me gustaría ir con Juan. Estoy ansioso por ver a un amigo mío. Él va a Jerusalén todos los sábados. Me gustaría ir con Juan hasta Betfagé y luego seguir por mi cuenta ... Es un amigo de nuestra familia ... Ya sabes ... mi madre me dijo... '

'No te he hecho ninguna pregunta, Mi amigo.'
'Me rompe el corazón tener que Dejarte. Pero en cuatro
días estaré Contigo de nuevo. Y voy a ser tan fiel que
incluso Te voy a aburrir.'
'Puedes irte. Dentro de cuatro días, al amanecer, estate
en la Puerta del Pescado. Adiós y que Dios te cuide.'
Judas besa al Maestro y luego se acerca al burrito que ha
comenzado a trotar por el camino polvoriento.
Cae la tarde y el campo se vuelve silencioso. Jesús no
se ha movido de donde estaba sentado cuando Juan
y Judas se fueron. Simón mira a los campesinos que
riegan sus campos. Entonces Jesús se levanta, da la
vuelta a la parte de atrás de la casa, y pasea por la
huerta. Él quiere estar solo. Él se va lejos a una maraña
de enormes árboles de granada y arbustos bajos que
se ven como grosellas, pero no tienen bayas en ellos.
Jesús se esconde detrás de la espesura. Él se arrodilla.
Él ora ... y entonces se inclina con su cara en la hierba
y llora. Un desanimado lloroso; con profundos suspiros
interrumpidos sin sollozos, pero muy triste.
Transcurre algún tiempo así hasta el crepúsculo, pero
no tan oscuro como para evitar ver. Y a la luz tenue con
rostro desfigurado pero honrado de Simón aparece de
repente por encima de un arbusto. Mira a su alrededor
como en búsqueda de algo y ve la figura agazapada del
Maestro, completamente cubierta por el manto de color
azul oscuro que se confunde con el suelo oscuro. Sólo
Su cabello rubio y Sus manos unidas en oración, y que
sobresalen por encima de su cabeza que descansa sobre
sus muñecas, llama la atención de Simón. Simón lo mira
con sus grandes ojos bondadosos y entiende que Jesús
está triste a causa de Su gemido.

'Maestro', Lo llama Simón, con sus gruesos labios casi púrpura. Jesús mira hacia arriba. 'Estás llorando, Maestro? ¿Por qué? ¿Puedo ir cerca Tuyo? 'La expresión de Simón es de asombro y tristeza. Definitivamente no es un hombre guapo y añadido a sus rasgos desfigurados y su tez aceitunada, también lleva las profundas cicatrices azuladas de su enfermedad. Pero su mirada es tan suave que su fealdad desaparece. 'Ven, Simón, Mi amigo.' Jesús se sienta en la hierba y Simón se sienta junto a Él. '¿Por qué estás triste, Maestro? Yo no soy Juan y yo no soy capaz de Darte lo que Juan Te da. Pero me gustaría darte todo el confort posible, y yo siento no poder hacerlo. Dime. ¿Te he disgustado en estos últimos días que Te deprime estar conmigo?' 'No. Mi buen amigo. Nunca Me has desagradado desde el primer momento en que te vi. Y creo que nunca Me harás derramar lágrimas.' 'Bueno, ¿entonces, Maestro? Yo no soy digno de Tu confianza. Pero, a causa de mi edad, yo podría ser Tu padre y Tú sabes lo ansioso que siempre he sido por tener hijos ... Permíteme acariciarte como si Tú fueras mi hijo y quiero ser un padre y una madre para Ti en esta hora de dolor. Es Tu Madre que está en necesidad de olvidar tantas cosas ...' '¡Oh! ¡Sí! Es Mi Madre! ' 'Bueno, a la espera de tener la comodidad en Ella, concede a Tu siervo la alegría de consolarte. Tú estás llorando, Maestro, porque alguien Te ha desagradado. Durante varios días Tu cara ha sido como el sol oscurecido por las nubes. Te he estado observando.

Tu bondad esconde la herida, para que nosotros no lo odiemos quién Te hiere. Pero la herida es dolorosa y aberrante. Pero dime, mi Señor, ¿por qué Tú no retiras la fuente de Tu dolor? '

'Porque sería inútil desde el punto de vista humano y no sería benéfico.'

¡Ah! Tú eres consciente de que estoy hablando de Judas! Es gracias a él que Tú estás sufriendo. ¿Cómo puedes Tú, la Verdad, tolerar a ese mentiroso? Él miente descaradamente. Él es más engañoso que un zorro y más cerrado que una roca. Ahora ha desaparecido. ¿Para qué? ¿Cuántos amigos tiene? Siento tener que dejarte. Pero me gustaría seguirlo y ver ... ¡Oh! Jesús mío! Ese hombre ... mandalo lejos, mi Señor.'

'Es inútil. Lo que ha de ser, será.'

'¿Qué quieres decir?'

'Nada especial.'

'Tú permitiste que se fuera con placer, porque Tú estabas disgustado con su comportamiento en Jericó.'

'Es cierto, Simón. Te digo una vez más: lo qué ha de ser, será. Y Judas es parte de este futuro. Él estará allí, también.'

Pero Juan me dijo que Simón Pedro es muy franco y lleno de ardor ... ¿sufrirá Judas? '

'Él debe pararse. También Pedro está destinado a una parte, y Judas es el lienzo sobre el que se debe tejer su parte, o, si lo prefiere, Judas es la escuela donde Pedro aprenderá más que con cualquier otra persona. También los idiotas son capaces de ser buenos con Juan y entender almas como Juan. Pero es difícil ser bueno con la gente como Judas, y comprender las almas como Judas y para ser un médico y un sacerdote para ellos.

25

Judas es tu enseñanza viviente.'

'¿La mía?'

'Sí. La tuya. El Maestro no estará en la tierra para siempre. Él se irá después de comer el pan duro y beber el vino más amargo. Pero tú te quedarás para continuarme ... y tú debe saber. Debido a que el mundo no se acaba con el Maestro. Tendrá una duración más larga, hasta el retorno final de Cristo y el juicio final del hombre. Y yo te digo que por cada Juan, Pedro, Simón, Santiago, Andrés, Felipe, Bartolomé, Tomás, hay por lo menos siete Judas. Y muchos, muchos más! ... '

Simón está reflexivo y silencioso. Luego dice: 'Los pastores son buenos. Judas les desprecia. Pero yo los quiero.'

'Yo los amo y los alabo.'

'Son almas simples, como Tú lo eres.'

'Judas ha vivido en la ciudad.'

'Su única excusa. Pero hay muchas personas que han vivido en las ciudades, y sin embargo ... ¿Cuándo Tú irás a mi amigo? '

'Mañana, Simón. E iré con placer, porque estamos por nuestra propia cuenta, sólo tú y Yo. Creo que él es un hombre culto y con experiencia, como tú.'

'Y él sufre mucho ... En su cuerpo y aún más en su corazón. Maestro ... me gustaría pedirte un favor: Si no Te habla sobre su dolor, por favor no lo hagas preguntas acerca de su familia.'

'No lo haré. Yo estoy del lado de los que sufren, pero Yo no fuerzo la confianza de nadie. Las lágrimas merecen respeto.'

'Y yo no las respeté ... Pero me sentí tan mal por Ti ... '

'Tú eres Mi amigo y que ya ha dado un nombre a Mi

tristeza. Yo soy un Rabino desconocido para tu amigo. Cuando él Me conozca ... entonces ... Vámonos. Está oscuro. No dejemos a nuestros huéspedes cansados esperando. Mañana al amanecer nos dirigiremos a Betania.'

Jesús Se Encuentra Con Lázaro En Betania

Es temprano en una mañana muy clara de verano y el sol, ya sobre el horizonte, se eleva más y más alto, sonriéndole a la tierra encantadora; todas las estrellas de la noche anterior parecen haberse convertido en oro y polvo de gema, ahora asentadas en todos los tallos y las hojas y brillando por el rocío. Incluso las astillas de las piedras silíceas esparcidas en el suelo y ahora mojadas por el rocío, parecen como polvo de diamante y polvo de oro.

Jesús y Simón están caminando por una pequeña calle lateral que sale de la carretera principal en un ángulo agudo 'V', en dirección a magníficos huertos y campos de lino tan altos como un hombre y casi listos para ser cortados. Más lejos, hay grandes manchas de color rojo brillante de amapolas entre otros rastrojos en otros campos.

'Ya estamos en la propiedad de mi amigo. Se puede ver, Maestro, que la distancia estaba dentro de la prescripción de la ley. Nunca me tomaría la libertad de engañarte a Ti. Detrás de ese huerto de manzanas está el muro del jardín y la casa. Me hizo venir a lo largo de este atajo para estar dentro de la milla prescrito.

'¡Tu amigo es muy rico!'
'Sí, mucho. Pero él no es feliz. Él es dueño de
propiedades también en otros lugares. '
'¿Es fariseo?'
'Su padre no lo era. Él... es muy observador. Te dije a Ti:
un verdadero israelita.'
Ellos continúan caminando. Delante de ellos, hay una
pared alta y más allá de ella, árboles y más árboles, a
través de los cuales la casa comienza a emerger. Un
ascenso en el suelo donde caminan les impide ver el
jardín que es tan hermoso como un parque.

Van en torno a una esquina y llegar a la altura de
la pared que tiene ramas de rosas entrelazadas y
espléndidos jazmines de olor dulce en corolas cubiertas
de rocío, colgando hacia abajo desde la parte superior.
Simón golpea con una pesada aldaba de bronce en la
pesada puerta de hierro forjado.
'Es demasiado pronto para entrar, Simón' Jesús remarca.
'¡Oh! Mi amigo se levanta al amanecer porque él
encuentra consuelo sólo en su jardín o en los libros.
La noche es una tortura para él. Por favor, no nos
retrasemos aún más para darle Tu alegría. '
Un sirviente abre la puerta.
'Buenos días, Aseus. Dile a tu amo que Simón Zelote ha
venido con su amigo.'
El sirviente les deja entrar y dice; 'Vuestro siervo os
saluda. Entrad. La casa de Lázaro está abierta para sus
amigos.' Y luego se aleja.
Simón, que está familiarizado con el lugar, se aleja de
la avenida central y en su lugar sigue un camino que
discurre en la dirección de una enramada de jazmín
entre setos de rosas.

Lázaro sale de la glorieta poco después, en una túnica de lino blanca como la nieve y camina con dificultad como alguien que sufre de problemas de la pierna. Es alto, delgado y pálido, con el pelo corto que no es ni grueso ni rizado, y un poco de barba rala confinada a la parte inferior de la barbilla.

Cuando ve a Simón, él se agita cariñosamente y luego corre lo mejor que puede hacia Jesús y se tira de rodillas, inclinándose hasta el suelo para besar el borde de Su túnica;

'Yo no soy digno de tanto honor ...' dice Lázaro. 'Pero desde que Tu Santidad se inclinó a mi miseria, ven, mi Señor, entra y se el Amo en mi pobre casa.'

'Levántate, Mi amigo. Y recibe Mi paz.'

Lázaro se levanta y besa las manos de Jesús y lo mira con veneración no exenta de curiosidad.

Ellos caminan hacia la casa.

'¿Cuánto he esperado ansiosamente por Ti, Maestro! Cada mañana, al amanecer, yo decía: 'Él va a venir hoy', y cada noche decía: 'Yo no Lo he visto hoy, tampoco.'

'¿Por qué esperabas de Mí con tan ansiosamente?

'Porque... a quién estamos esperando en Israel, sino a Ti?

'

'¿Y tú crees que Yo soy el Esperado?

'Simón nunca ha mentido, tampoco es un niño que se emociona por nada. La edad y el dolor le han hecho tan maduro como un hombre sabio. En cualquier caso... incluso si no hubiera reconocido Tu verdadera naturaleza, Tus obras habrían hablado y dicho que Tú eres "Santo" Quién lleva a cabo las obras de Dios, debe ser un hombre de Dios. Y Tú las logras. Y Tú haces cosas de una manera que dice que verdaderamente Tú eres el

hombre de Dios. Mi amigo vino a Ti por la fama de Tus milagros y él recibió un milagro. Y sé que tu camino está lleno de milagros. ¿Por qué, entonces, no creer que eres Tú el Esperado? ¡Oh! Es tan dulce creer lo que es bueno! Tenemos que fingir creer como buenas, muchas cosas que no son buenas, por el bien de la paz, ya que sería inútil cambiarlas; muchas palabras dudosas que parecen adulación, alabanza, bondad de corazón y en su lugar son sarcasmo y culpa, el veneno oculto por la miel. Debemos fingir que les creemos a pesar de que sabemos que son veneno, culpa, sarcasmo... debemos hacerlo porque ... no es posible hacerlo de otra manera. Y nosotros somos débiles frente a un mundo que es fuerte. Y estamos solo contra todo un mundo que es hostil a nosotros ... ¿por qué, entonces, debemos tener dificultad en creer lo que es bueno? Por otro lado, el tiempo es perfecto y los signos de los tiempos están aquí. Lo que todavía podría faltar para hacer cierta la creencia y más allá de toda duda posible, debe ser suministrado por nuestra ansiedad de creer y de apaciguar a nuestros corazones en la certeza de que la expectativa ha terminado y que el Redentor ha llegado, el Mesías está aquí ... El que dará paz a Israel y a los hijos de Israel, ¿Quién va a dejarnos morir sin angustia, sabiendo que hemos sido redimidos, y nos permitirá vivir sin ese sentimiento de nostalgia por nuestros muertos ... ¡Oh! ¡los muertos! ¿Por qué llorar la muerte si no porque, como ya no tienen hijos, sino que todavía al Padre y a Dios? '
'¿Tu padre ha estado muerto desde hace mucho tiempo?'
'Tres años, y mi madre desde hace siete ... pero ya no lamento sus muertes ... También me gustaría estar

donde espero que estén a la espera del Cielo.'
'En este caso no tendrías al Mesías como tu invitado.'
'Eso es cierto. Ahora estoy en una mejor posición de lo
que están ellos, porque te tengo a Ti ... y mi corazón
se calma a causa de esta alegría. Adelante, Maestro.
Concédeme el honor de hacer mi casa Tuya. Hoy es día
de reposo y no puedo invitar a amigos para honrarte a
Ti...'
'Tampoco quiero eso. Hoy soy todo para el amigo de
Simón and Mío.'
Entran en una hermosa sala, donde algunos sirvientes
están preparados para recibirlos. 'Por favor, seguidles',
dice Lázaro, 'Seréis capaces de refrescaros antes de la
comida de la mañana.' Y mientras Jesús y Simón van
hacia otra habitación, Lázaro da instrucciones a los
sirvientes. La casa muestra riqueza y refinamiento...
... Jesús bebe un poco de leche, la cual Lázaro insiste en
servirla personalmente, antes de sentarse a la mesa para
la comida de la mañana.
'He encontrado al hombre que está dispuesto a comprar
tu propiedad y pagar el precio de que tu agente ha fijado
como justo. Él no deducirá un dracma.' Dice Lázaro a
Simón.
'Pero, ¿él está dispuesto a cumplir con mis condiciones?'
'Sí, lo está. Él acepta todo, siempre que obtenga la
propiedad. Y estoy contento porque al menos yo sé quién
es mi vecino. Sin embargo, como tú no quieres estar
presente en la transacción, él también quiere seguir
siendo desconocido para ti. Y yo te pediría que cedas a su
petición.'
'No veo ninguna razón por la que no debería. Tú, mi
amigo, tomarás mi lugar... Hagas lo que hagas, está bien

hecho. Es suficiente para mí que mi siervo fiel nunca se apaga ... Maestro, estoy vendiendo, y en lo que a mí respecta, estoy contento de no tener nada más que me puede atar a cualquier cosa que no sea Tu servicio. Pero tengo un viejo sirviente fiel, el único que queda después de mi desgracia. Y, como ya Te he dicho a Ti, él siempre me ha ayudado en mi aislamiento, a cuidar de mi propiedad, como si fuera la suyo propia, o mejor dicho, con la ayuda de Lázaro, haciéndola pasar como propia, con el fin de salvarla y por lo tanto, subsidiarme. Ahora bien, no sería justo si lo dejara sin hogar, ahora que ya es viejo. He decidido que una casa pequeña, cerca del límite de la propiedad, debe ser suya y que parte del dinero debe ser suyo para su futuro mantenimiento. La gente mayor, ya sabes, son como la hiedra: han vivido siempre en un lugar, sufren mucho si han de ser arrancados de ella. Lázaro quería a mi criado con él, porque él es bueno. Pero yo lo preferí así. El viejo no va a sufrir tanto...'

'Tú eres bueno, también, Simón. Si todo el mundo fuera tan justo como tú, Mi misión sería más fácil...', comenta Jesús.

'¿El mundo Te parece enemigo, Maestro?' Pregunta Lázaro.

'El mundo... No, la fuerza del mundo: Satanás. Si éste no fuera el maestro de los corazones de los hombres y no se mantuviera en su poder, Yo no encontraría ninguna resistencia. Pero el Mal está en contra del Bien, y tengo que vencer al mal en cada hombre para poner el bien en ellos... y no todos ellos están todos dispuestos...'

'Es cierto. ¡Ellos no están dispuestos! Maestro: ¿Qué palabras usar para convertir y convencer a los que son pecadores? ¿Palabras de reproche severo, como los que

llenan la historia de Israel en contra de los culpables, y
el Precursor es el último en utilizarlas, o palabras de la
misericordia?'
'Yo uso el amor y la misericordia. Créeme, Lázaro, una
mirada de amor tiene más poder sobre aquellos que han
caído, que una maldición.'
'Y, ¿si el amor puede ser burlado?
'Hay que insistir de nuevo. Insistir hasta el máximo.
Lázaro, ¿conoces esas tierras donde arenas movedizas se
tragan a los incautos?
'Sí, las conozco. He leído acerca de ellos porque en mi
situación leo mucho, tanto por el entusiasmo y para
pasar las largas horas sin dormir por la noche. Sé que
hay algunas en Siria y en Egipto y hay algunas cerca de
los caldeos. Y sé que son como ventosas; ellas chupan
lo que capturan. Un romano dice que son las bocas del
infierno, donde viven los monstruos paganos.¿Es eso
cierto?'
'No, no es cierto. Ellas son sólo formaciones especiales
de la tierra. Olimpo no tiene nada que ver con ellas. La
gente dejará de creer en el Olimpo y todavía existe y el
progreso de la humanidad sólo será capaz de dar una
explicación más veraz de la realidad, pero no eliminarla.
Ahora te digo: ya que tú lees acerca de ellas, es posible
que también hayas leído cómo una persona que ha caído
en ellas puede ser salvada.'
'Sí. Por medio de una cuerda arrojada a la persona o
por medio de un poste o incluso una rama. A veces una
cosa pequeña es suficiente para darle a un hombre que
se hunde el apoyo mínimo para sostenerlo y además, la
calma necesaria, sin la lucha, a la espera de rescate.'
'Bien. Un pecador, un hombre poseído, es aquel que ha

sido tragado por un suelo engañoso, cuya superficie está cubierta de flores, mientras que por debajo de ella es arena movediza. ¿Crees que si un hombre sabe lo que significa darle a Satanás la posesión de incluso un átomo de sí mismo, lo haría? Pero él no lo sabe... y después ... O el asombro y el veneno del Mal le paralice, o volverlo loco y evitar el remordimiento de haber perdido la lucha, él se aferra a otras arenas, él despierta enormes olas con sus movimientos temerarios y por lo tanto acelera su propio fin. El amor es la cuerda, el cable, la rama que tú has mencionado. Debemos insistir, insistir... hasta que sea capturado. Una palabra... perdón... un perdón más grande que la culpa ... sólo para detener el hundimiento y esperar la ayuda de Dios. Lázaro, ¿conoces el poder del perdón? Trae a Dios para ayudar al rescatador... ¿Lees mucho?'

'Sí, lo creo. Pero yo no sé si hago lo correcto. Mi enfermedad y ... y otras cosas que me han privado de muchos de los placeres de los hombres ... y ahora, tengo pero pasión por las flores y libros ... Por las plantas y también por los caballos ... Yo sé que me critican por ello. Pero, ¿cómo puedo ir a mi finca en esta condición (y él descubre dos enormes piernas todas vendadas) a pie o montado en una mula? Debo utilizar un carrito, y uno rápido. Es por eso que compré algunos caballos, de los que soy ahora muy aficionado, lo admito. Pero si Tú me dices que eso está mal... Yo los venderé.'

'No, Lázaro. Estas no son cosas corruptas. Lo que perturba el alma y aleja de Dios es causa de corrupción.'

'Ahora, Señor. Lo que me gustaría saber es lo siguiente. Leo mucho. No tengo más que esta comodidad. Me gusta aprender ... Creo que después de todo, es mejor saber que hacer el mal, es mejor leer que para hacer otras cosas. Pero yo no leo sólo nuestras páginas. Me gusta aprender sobre el mundo de otros pueblos y me siento atraído por Roma y Atenas. Ahora, soy consciente del gran mal que afectó a Israel cuando se corrompió por los asirios y los egipcios y del gran daño que nos han hecho los gobiernos helenísticos. No sé si un hombre puede hacer por sí mismo el mismo daño que Judas se hizo a sí mismo y a nosotros, sus hijos. ¿Cuál es Tu opinión al respecto? Estoy ansioso de ser enseñado por Ti, como Tú no eres rabino, pero conoces la Palabra sabia y divina.'

Jesús se le queda mirando por unos segundos, con Su mirada penetrante y distante al mismo tiempo. Él parece perforar el cuerpo opaco de Lázaro y escudriñar su corazón y penetrando aún más, Él parece ver ... '¿Estás molesto por lo que lees?' Jesús pregunta al fin. '¿Te separa de Dios y de Su Ley?'

'No, Maestro. Por el contrario, me impulsa a hacer comparaciones entre nuestro verdadero Dios y falsedad pagana. Hago comparaciones y medito en las glorias de Israel, sólo en las personas justas, los Patriarcas, los Profetas y las cifras cuestionables de las historias de otras personas. Comparo nuestra filosofía, si podemos llamarla así a la Sabiduría que habla en nuestros textos sagrados, con las pobres filosofías Griegas y Romanas que contienen chispas de fuego, pero no el incendio que vaga y brilla en los libros de nuestros Hombres Sabios. Y después, con mayor veneración, me inclino con mi alma para adorar a nuestro Dios que habla en Israel a través de los hechos, las personas y los libros.'

'Bueno, entonces, continúa leyendo... Te ayudará a entender el mundo pagano... Continúa. Tú puedes continuar. No hay fermento del mal o de gangrena espiritual en ti. Tú, por lo tanto, puedes leer sin ningún temor. El amor que sientes por tu Dios hace estéril el germen profano que la lectura podría extenderse en ti. En todas las acciones del hombre, existe la posibilidad del bien y del mal. Depende de la forma en que se lleven a cabo. El amor no es un pecado, si se ama de una manera santa. El trabajo no es un pecado, si uno trabaja cuando es el momento adecuado. Ganar no es un pecado, si uno está satisfecho con lo que es honesto. Educarse a uno mismo no es un pecado, siempre que la educación no mate la idea de Dios en nosotros. Considerando que es pecado servir también al altar, si uno lo hace para beneficio propio. ¿Estás convencido Lázaro?'

'Sí, Maestro. Le hice a otras personas la misma pregunta y me despreciaron... Pero Tú me das la luz y la paz. ¡Oh! ¡Si todo el mundo Te oyera! Ven, Maestro. Entre los jazmines hay una brisa fresca y silencio. Es dulce descansar bajo su sombra fresca en espera de la noche.' Y ellos salen.

Jesús E Isaac Cerca De Doco. Parten Hacia Esdraelon

'Y yo Te digo, Maestro, que las personas humildes son
mejores ...' Isaac le informa a Jesús' ... a los que yo les
hablé se rieron de mí o me ignoraron. ¡Oh! ¡Los más
pequeños de la Juta!'
Ellos están sentados en un grupo en el césped
por la orilla del río y Judas interrumpe a Isaac,
excepcionalmente llamando al pastor por su nombre;
'Isaac, soy de tu opinión. Perdemos nuestro tiempo y
perdemos nuestra fe tratando con ellos. Me estoy dando
por vencido.'
'No lo haré pero me hace sufrir. Voy a renunciar sólo
si el Maestro me lo dice. Durante años he estado
acostumbrado a sufrir por fidelidad a la verdad. Yo no
podía decir mentiras para entrar en la buena voluntad
de los poderosos. ¿Y sabes cuántas veces vinieron a
burlarse de mí en la habitación donde yo estaba enfermo,
prometiendo ayuda? ¡oh! sin duda eran falsas promesas
- si me gustaría decir que había mentido y que Tú,
Jesús, ¿no eras el Salvador Recién Nacido?! Pero yo no
podía mentir. Si yo hubiera mentido me habría negado
mi propia alegría, habría matado a mi única esperanza,
¡habría rechazado a mi Señor! ¡Rechazarte a Ti! En mi

miseria oscura en mi enfermedad triste siempre había un cielo sembrado de estrellas por encima de mí: el rostro de mi madre, que era la única alegría de mi vida huérfana, el rostro de una novia que nunca fue mía y yo la continué amando incluso después de su muerte. Estas fueron las dos estrellas menores. Y las dos grandes estrellas, como dos lunas más puras: José y María sonriendo al Bebé Recién Nacido y en nosotros los pobres pastores, y Tu brillante, inocente, amable, santo, santo, santo rostro, en el centro del cielo de mi corazón. ¡Yo no podía rechazar ese cielo mío! Yo no quería privarme de esa luz ya que no hay otra más pura. Hubiera rechazado mi propia vida o habría vivido en la tortura en lugar de rechazarte a Ti, Mi recuerdo bendito, ¡mi Recién Nacido Jesús!'

Jesús pone Su mano en el hombro de Isaac y sonríe.

'¿Así que insistes? 'persiste Judas.

'Sí, quiero. Hoy, mañana y el día después nuevamente. Alguien vendrá.'

'¿Cuánto tiempo durará el trabajo? '

'No lo sé. Pero créeme. Basta de no mirar ya sea por delante o por detrás y hacer las cosas día a día. Y por la tarde, si hemos trabajado con ánimo de lucro, decimos: 'Gracias, Dios mío.' Si, sin fines de lucro, acabas de decir: "Espero por Tu ayuda para el mañana" '.

'Tú eres sabio.'

"Yo ni siquiera sé lo que significa. Pero lo hago en mi misión lo que hice durante mi enfermedad. ¡Treinta años de enfermedad son insignificantes! '

'¡Ehi! Yo creo eso. Yo aún no había nacido y ya era inválido.'

'Yo estaba enfermo. Pero nunca he contado esos años. Nunca dije: 'Ahora es el mes de Nisán de nuevo, pero no estoy floreciendo de nuevo con las rosas. Ahora es Tishri y todavía languidecen aquí. 'Fui a hablar de Él, tanto para mí y para la gente buena. Me di cuenta de que los años fueron pasando, porque los más pequeños de antaño vinieron a traerme sus confecciones de boda o las tortas para el nacimiento de sus pequeños. Ahora, si miro hacia atrás, ahora que de viejo me he convertido en joven, ¿qué veo de mi pasado? Nada. Es pasado.' 'No hay nada aquí. Pero en el Cielo está "todo" para ti, Isaac y ese "todo" está esperandote", dice Jesús. Y entonces hablando con todo el mundo: 'Debéis hacerlo. Lo hago Yo mismo. Debemos seguir adelante. Sin cansarse. El cansancio es una de las raíces del orgullo humano. Y también lo es la prisa. ¿Por qué está el hombre molesto por las derrotas? ¿Por qué está molesto por los retrasos? Porque el orgullo dice: ¿Por qué decirme «no" a mí? ¿Mucha demora para mí? Esto es una falta de respeto por el apóstol de Dios. 'No, Mis amigos. Mirad todo el universo y pensad en Aquél que lo hizo. Medita en el progreso del hombre y considera su origen. Pensad en esta hora que está siendo completada y contad cuántos siglos han precedido. El universo es la obra de una creación calma. El Padre no hace las cosas de una manera desordenada; Él hizo el universo en fases sucesivas. El hombre es la obra de la evolución paciente, el hombre actual, y él va a progresar más y más en ciencia y en poder. Y ese saber y poder serán santos o no santos, de acuerdo a su voluntad. Pero el hombre no fue calificado de una vez. Los primeros padres, expulsados del Jardín, tuvieron que aprender de todo, poco a poco, de forma progresiva. Tuvieron que aprender las cosas más simples: que un grano de maíz

41

es más sabroso en forma de harina, luego se amasa y
hornea. Y tuvieron que aprender a molerlo y hornearlo.
Tuvieron que aprender a encender un fuego. Cómo hacer
una prenda mediante la observación de la lana de los
animales. Cómo hacer una guarida observando a las
bestias. Cómo construir una tarima observando nidos.
Aprendieron cómo curarse a sí mismos con las hierbas
y el agua mediante la observación de los animales que
lo hacen por instinto. Ellos aprendieron a viajar a través
de los desiertos y los mares, estudiando las estrellas,
montando a caballo, aprendiendo cómo equilibrar los
barcos en el agua viendo la cáscara de una nuez flotando
en el agua de un arroyo. ¡Y cuántos fracasos antes del
éxito! Pero el hombre tuvo éxito. Y él irá más lejos. Pero
no será más feliz a causa de su progreso, porque él será
más experto en el mal que en el bien. Pero tendrá que
hacer progresos. ¿No es la Redención una obra paciente?
Se decidió hace siglos y siglos. Está sucediendo ahora
después de haber sido preparado por siglos. Todo es
paciencia. ¿Por qué ser impaciente, entonces? ¿Podría
Dios no haber hecho todo en un instante? ¿No era
posible que el hombre, dotado de razón, creado por las
manos de Dios, conozca todo en un instante? ¿Podría Yo
no haber venido a principios de siglos? Todo era posible.
Pero en nada debe haber violencia. Nada. La violencia
está siempre contra el orden y Dios, y lo que viene de
Dios es el fin. No tratéis de ser superior a Dios.'
'Pero, entonces, ¿cuándo Tú vas a ser conocido? '
'¿Por quién, Judas?'
'¡Por el mundo!'
'¡Nunca!'
'¿Nunca? pero, ¿Tú no eres el Salvador? '

"Yo lo soy. Pero el mundo no quiere ser salvado. Sólo uno de cada mil estará dispuesto a Conocerme y sólo uno de cada diez mil realmente Me seguirá. Y diré más aún; Yo no seré conocido incluso por mis amigos más íntimos.'
'Pero si son Tus amigos íntimos, ellos Te conocen.'
'Sí, Judas. Ellos sabrán de Mí como Jesús, como Jesús el israelita. Pero no Me conocerán como Él Quien soy ....' y con el desánimo de resignación, Jesús abre Sus manos, de vuelta hacia el exterior, Él continúa, con tristeza escrita en Su rostro, sin mirar ni al hombre ni el Cielo sino sólo en Su future destino de una persona traicionada ' ... en verdad os digo que no voy a ser conocido por todos Mis íntimos amigos. Conocer significa amar con lealtad y virtud ... y habrá quien no Me conozca.'
'No digas eso' implora Juan.
'Nosotros Te seguimos, para Conocerte más y más', dice Simón, y los pastores en coro.
'Te seguimos como nosotros seguiríamos a una novia y Tú eres más querido para nosotros de lo que podía ser; somos más celosos de Ti que de una mujer ....' dice Judas ... ¡Oh! No. Nosotros ya Te conocemos mucho, tanto que no podemos ignorarte por más tiempo' y apuntando a Isaac, Judas continúa – él dice que negar Tu recuerdo de un Bebé Recién Nacido habría sido más doloroso que perder la vida. Y Tú eras un bebé recién nacido. Te conocemos como Hombre y Maestro. Te escuchamos y vemos Tus obras. Tu contacto, Tu aliento, Tu beso: son nuestra consagración continua y nuestra purificación continua. Sólo satanás podía negarte después de haber sido Tu compañero cercano.'
'Es verdad, Judas. Pero habrá uno.'

'¡Ay de él! Voy a ser su verdugo.'

'No. Deja la justicia al Padre. Se su Redentor. El redentor de esta alma que está inclinado hacia Satanás. Pero digamos adiós a Isaac. Es de noche. Te bendigo, Mi siervo fiel. Ahora ya sabes que Lázaro de Betania es nuestro amigo y está dispuesto a ayudar a Mis amigos. Me voy. Te quedarás aquí. Prepara la tierra reseca de Judea por Mí. Vendré más adelante. En caso de necesidad tú sabes dónde Encontrarme. Mi paz sea contigo', y Jesús bendice y besa a Su discípulo.

Regreso A Nazaret Luego De Dejar A Jonás

Es el momento de decir adiós y Jesús y sus discípulos
están de pie en la puerta de una pobre choza, con Jonás
y otros campesinos pobres, iluminados por una luz tan
débil, que parece estar parpadeando.
'¿No voy a no Verte más, mi Señor? ' Pregunta Jonás. Has
traído luz a nuestros corazones. Tu bondad ha convertido
estos días en una fiesta que durará toda la vida. Pero Tú
has visto cómo se nos trata. Una mula tiene un mejor
cuidado que nosotros. Y los árboles reciben más atención
humana; son dinero. Somos sólo piedras de molino que
ganan dinero y que estamos acostumbrados hasta morir
de fatiga excesiva. Pero Tus palabras han sido tantas
caricias amorosas. Nuestro pan parecía más abundante
y sabía mejor porque Tú lo compartiste con nosotros;
este pan que ni siquiera se lo dan a sus perros. Vuelve a
compartirlo con nosotros, mi Señor. Sólo porque eres Tú,
me atrevo a decir eso. Sería un insulto ofrecer cualquier
otra vivienda y alimentos que incluso un mendigo
odiaría. Pero Tú ... '
'Pero encuentro en ellos un perfume celestial y sabor
porque en ellos hay fe y amor. Volveré, Jonás. Voy a
volver. Tú permanece en tu lugar, atado como un animal

a los ejes. Que tu lugar sea la escalera de Jacobo. Y, de hecho, ángeles van y vienen desde el Cielo hasta ti, reuniendo cuidadosamente todos tus méritos y se los llevan a Dios. Pero yo vendré a ti. Para aliviar tu espíritu. Se fiel a Mí, todos vosotros. ¡Oh! Me gustaría daros también la paz humana. Pero no puedo. Debo deciros: seguid sufriendo. Y eso es muy triste para Alguien Quién amas ... '

'Señor, si Tú nos amas, ya no sufriremos. Antes no teníamos a nadie que nos ame ... ¡Oh! Si pudiera, al menos, ¡ver a Tu Madre! '

No te preocupes. Voy a ponerla a tu alcance. Cuando el clima sea más suave, voy a ir con Ella. No te arriesgues a incurrir en castigos crueles a cuenta de tu ansiedad de verla. Debes esperar por Ella asi como esperas la salida de una estrella, de la estrella de la tarde. Ella aparecerá para ti, de repente, tal y como la estrella de la tarde, que no está allí un momento, y un momento después brilla en el cielo. Y tú debes tener en cuenta que, incluso ahora Ella está prodigando Sus dones de amor en ti. Adiós a todos. Que Mi paz os proteja de la dureza de aquel que os atormenta. Adiós, Jonás. No llores. Han esperado durante tantos años con la fe del paciente. Yo os prometo una muy corta espera. No llores; No te voy a dejar solo. Tu bondad limpió Mis lágrimas cuando yo era un Bebé Recién Nacido. ¿La Mía no es suficiente para acabar con la tuya? '

'Sí ... pero Te vas ... y yo tengo que permanecer aquí ... '

'Jonás, Mi amigo, no hagas que me vaya deprimido porque no te puedo consolar ... '

'No estoy llorando, mi Señor ... Pero ¿cómo voy a ser capaz de vivir sin verte a Ti, ahora que sé que Tú estás vivo? '

Jesús acaricia al anciano triste una vez más y luego se va. Pero de pie en el borde de la era desgraciada, Jesús extiende Sus brazos y bendice al campo. Entonces Él se aleja.

'¿Qué has hecho, Señor? 'pregunta Simón, que ha notado el gesto inusual..

'Puse un sello en todo. Que ningún demonio pueda dañar las cosas y por lo tanto causar problemas a las personas miserables. No podía hacer más ... '

'Maestro, caminemos un poco más rápido. Me gustaría decirte algo que yo no quiero que los demás escuchen.

'Se mueven más lejos del grupo y Simón comienza a hablar: "Yo quería decirte que Lázaro tiene instrucciones para usar mi dinero para ayudar a todos aquellos que se aplican a él en el nombre de Jesús. ¿No podríamos liberar a Jonás? Ese hombre está desgastado y su única alegría es estar Contigo. Démosle eso. ¿Qué es lo que vale el trabajo aquí? Si en lugar de eso estuviera libre, él sería Tu discípulo en esta hermosa llanura desolada. Las personas más ricas de Israel poseen fincas fértiles aquí y los explotan con extorsión cruel, exigiendo un beneficio de sus trabajadores. Lo he sabido durante años. Tú no serás capaz de quedarte aquí mucho tiempo, debido a que la secta de fariseos gobierna el país y no creo que alguna vez sean amables Contigo. Estos trabajadores oprimidos y sin esperanza son las personas más infelices en Israel. Tú lo has oído, ni siquiera en la Pascua tienen paz, ni tampoco pueden orar, mientras sus amos severos, con gestos solemnes y exposiciones afectadas, ocupan posiciones destacadas en frente de todo el pueblo. Por lo menos van a tener la alegría de saber que Tú existes y de escuchar Tus palabras repetidas a ellos por alguien que no va a alterar ni una sola letra. Si Tú aceptas Maestro, por favor dilo, y Lázaro hará lo que sea necesario.' Simón, yo sabía por qué diste todos tus bienes. Los pensamientos de los hombres son conocidos para Mí. Y yo te amé también a causa de eso. Al hacer feliz a Jonás, haces feliz a Jesús. ¡Oh! ¡Cómo Me atormenta para ver buenas personas sufrir! Mi situación de un pobre hombre despreciado por el mundo Me afecta sólo a causa de eso. Si Judas Me oyó, él diría: "Pero, ¿no Eres la Palabra de Dios? Da la orden y estas piedras se convertirán en oro y pan para la gente pobre. " Repetiría la trampa de Satanás. Estoy ansioso por satisfacer el hambre de la gente. Pero no de la manera en la que a Judas le gustaría. Tú todavía no eres lo suficientemente maduro como para entender la profundidad de lo que quiero decir. Pero Te diré: si Dios vio que todo lo que Él le quitaría Sus amigos. Él les privaría de la oportunidad de ser misericordiosos y cumplir el mandamiento del amor. Mis amigos deben poseer esta marca de Dios en común con Él: la santa misericordia que consiste en obras y palabras. Y la infelicidad de otras personas da Mis amigos la oportunidad de practicarlo. ¿Habéis entendido lo que quiero decir?

'Tu pensamiento es profundo. Voy a reflexionar sobre Tus palabras. Y me humillo mientras veo qué mente obtusa soy y cuán grande es Dios que nos quiere dotados con todos sus atributos más dulces para que Él nos pueda llamar Sus hijos. Dios se revela a mí en Sus múltiples perfecciones por cada rayo de luz con la que Tú iluminas mi corazón. Día a día, al igual que uno avanza en un lugar desconocido, el conocimiento de la

inmensa cosa que es la Perfección que nos quiere llamar a Sus "hijos" progresa en mí y me parece trepar como un águila o sumergirme como un pez en dos interminables profundidades como el cielo y el mar, y subo más y más alto y me sumerjo cada vez más profundamente, pero nunca toco el final. Pero lo que es, por lo tanto, ¿Dios? '

'Dios es la Perfección inalcanzable, Dios es la Belleza perfecta, Dios es el Poder infinito, Dios es la Esencia incomprensible, Dios es el Bounty insuperable, Dios es la indestructible Misericordia, Dios es la Sabiduría inconmensurable, Dios es el Amor que se convirtió en Dios. ¡Él es el amor! Él es el amor! Tú dices que cuanto más conoces a Dios en Su perfección, más alto pareces subir y más profundo bucear en dos interminables profundidades de color azul sin sombras... Pero cuando tú entiendas lo que es el Amor que se convirtió en Dios, ya no subirás o te sumergirás en el azul, sinó en un vórtice ardiente y será atraído hacia una bienaventuranza que será la muerte y la vida para ti. Poseerás a Dios, con una posesión perfecta, cuando, por tu voluntad, tengas éxito en la comprensión y merecimiento de Él. Luego, serás ajustado en Su perfección.'

'Oh Señor ...' exhala Simón, abrumado.

Caminan en silencio hasta que llegan a la carretera, donde Jesús se detiene para esperar a los demás.

Cuando se reagrupan de nuevo, Levi se arrodilla: 'Me marcho, Maestro. Pero tu siervo te pide un favor. Llévame a Tu madre. Este hombre es un huérfano como yo. No me niegues lo que Tú le diste, para que pueda ver el rostro de una madre ... '

'Ven. Lo que es pedido en nombre de Mi Madre, lo garantizo en nombre de Mi Madre.'

El sol, aunque a punto de ponerse, arde descendido a la
cúpula verde-gris de los gruesos olivos cargados de fruta
pequeña de buena forma pero sólo penetra en la maraña
de ramas suficientes para proporcionar un par de ojales
pequeños de luz, mientras que la carretera principal,
por otro lado, incrustado entre dos bancos, es una cinta
deslumbrante ardiente polvorienta.

Solo y caminando rápido entre los olivos, Jesús se sonríe
a Sí mismo ... Él sonríe aún más feliz cuando él llega a
un acantilado.... Nazaret ....su panorama parpadeo en el
calor del sol ardiente ... y Jesús comienza a descender y
acelera Su paso.

Ahora en la carretera desierta en silencio, Él ha protegido
Su cabeza con Su manto y ya no se preocupa por el sol,
camina tan rápido que el manto está soplando en sus
lados y detrás de Él que parece estar volando.

De vez en cuando , la voz de un niño o de una mujer
desde el interior de una casa o un jardín de cocina llega
a Jesús donde Él está caminando en lugares a la sombra
proporcionada por los árboles del jardín cuyas ramas
se extienden en la carretera. Él dobla en una carretera
sombreada donde hay mujeres que están reunidas en
torno a un pozo fresco y todas Le saludan, dándole la
bienvenida con voces estridentes.

'Paz a todas vosotras... Pero por favor, silencio. Quiero
darle a Mi Madre una sorpresa.'

'Su cuñada sólo se ha ido con una jarra de agua fría.
Pero ella va a regresar. Ellas se quedan sin agua. La
primavera es seca o el agua es absorbida por la tierra
seca antes de llegar a su jardín. No lo sabemos. Eso es lo
que decía María de Alfeo. Ahí está ella ... ella se acerca.'

'Sin haber visto a Jesús todavía, la madre de Judas y

Santiago , con un ánfora en la cabeza y otro en la mano, está gritando; ' Voy a ser más rápido de esta manera.' María está muy triste, porque Sus flores están muriendo de sed. Ellas fueron plantadas por José y Jesús y se le rompe el corazón verlas secarse.

'Pero ahora que Ella Me ve ...' dice Jesús que aparece detrás del grupo de mujeres.

'¡Oh! ¡Jesús mío! ¡Bendito eres! Iré a decirle ...'

'No. Yo iré. Dame las ánforas.'

'La puerta está medio cerrada. María está en el jardín. ¡Oh! Lo feliz que será! Ella estaba hablando de Ti también esta mañana. Pero ¿por qué vienes con este calor? ¡Estás todo transpirado! ¿Tú estás solo?'

'No. Con amigos. Pero vine delante de ellos para ver a Mi Madre en primer lugar. ¿Y Judas?'

'Él está en Cafarnaúm. Él va a menudo allí', dice María. Y ella sonríe mientras se seca la cara mojada de Jesús con su velo.

Los cántaros ahora listos, Jesús toma dos, poniendo uno en cada extremo de su cinturón que Él lanza a través de Su hombro y luego lleva a un tercero en la mano. Luego se aleja, da la vuelta de una esquina, llega a la casa, empuja la puerta , entra en la pequeña habitación que parece oscura en comparación con la luz del sol al aire libre. Poco a poco, Él levanta la cortina de la puerta del jardín y observa.

María está de pie cerca de un rosal, de espaldas a la casa, compadeciéndose de la planta seca. Jesús pone la jarra en el suelo y el cobre tintinea en la piedra. '¿Estás ya aquí, María?', dice su madre sin volverse.

'Vamos, vamos, ¡mira esta rosa! Y estos lirios pobres. Todos ellos morirán si no les ayudamos. Trae también algunos pequeños bastones para sostener este tallo que cae.'

'Yo Te traerá todo, Madre.'

María florece todo el año y por un momento, se queda con los ojos muy abiertos y luego con un grito Ella corre con los brazos extendidos hacia Su Hijo, que ya ha abierto Sus brazos y esperaba con la sonrisa más cariñosa.

'¡Oh! ¡Mi Hijo!'

'¡Madre! ¡Querida!'

Su abrazo es uno largo y amoroso y María es tan feliz que Ella no siente lo caliente que está Jesús. Pero entonces Ella se da cuenta de ello: '¿Por qué, Hijo, qué has venido a esta hora del día? Tú estás rojo púrpura y sudando como una esponja empapada. Entra. Que yo pueda secarte y refrescarte. Yo Te traerá una túnica limpia y sandalias limpias. ¡Mi Hijo! Mi Hijo! ¿Por qué seguir con este calor? Las plantas se están muriendo a causa del calor y Tú, Mi Flor, casi también.

'Quería venir a Ti tan pronto posible, Madre.'

'¡Oh! ¡Mi querido! ¿Tienes sed? Debe tenerla. Ahora voy a preparar ... '

'Sí, tengo sed de tus besos, Madre. Y Tus caricias. Deja que Me quede así, con Mi cabeza en tu hombro, como cuando era un niño ... ¡Oh! ¡Madre! ¡Cómo Te extraño! '

'Dime que vaya, Hijo, y lo haré. ¿Qué Te falta por causa de Mi ausencia? La comida que te gusta? Ropa limpia? Una cama bien hecha? ¡Oh! Mi Alegría, dime lo que Te faltó. Tu sierva, mi Señor, se esforzará para proporcionártelo.

'Nada, sino Tú...'

'Cogidos de la mano, Madre e Hijo entran en la casa.

Jesús se sienta en el pecho cerca de la pared, abraza a María que está en frente de Él, apoyando la cabeza sobre su corazón y La besar una y otra vez. Ahora Él la mira fijamente: 'Deja que mire al contenido de Mi corazón, santa Madre Mía.'

'Tu túnica primero. No es bueno que Te quedes tan húmedo. Ven.' Jesús obedece. Cuando Él vuelve de nuevo vestido con una túnica con aspecto fresco, reanudan su dulce conversación.

'He venido con Mis discípulos y amigos pero los dejé en madera de Milca. Vendrán mañana al amanecer. Yo ... yo no podía esperar más. ¡Mi Madre! ...' Y Él le besa las manos. 'María de Alfeo se ha ido para dejarnos en paz. Ella también entiende lo ansioso que estaba por estar Contigo. Mañana ... mañana Tú asistirás a Mis amigos y Yo a los Nazarenos. Pero esta noche eres Mi amiga y Yo soy tuyo. Le traje ... ¡Oh! Madre: Me encontré con los pastores de Belén. Y traje a dos de ellos: son huérfanos y Tú eres la madre de todos los hombres. Y más aún de los huérfanos. Y traje también uno que Tú tienes que controlar. Y otro que es un hombre justo y ha sufrido mucho. Y luego Juan ... Y Te traje los recuerdos de Elias, Isaac, Tobías, ahora llamado Mateo, Juan y Simeón. Jonás es el más infeliz de todos ellos. Te llevaré con Él ... se lo prometí. Voy a seguir buscando a los otros. Samuel y José están descansando en la paz de Dios.

'¿Estabas Tú en Belén?'

'Sí, Madre. Llevé allí a los discípulos que estaban Conmigo. Y Te traje estas pequeñas flores, que crecían cerca de las piedras del umbral.'

¡Oh! ' María toma los tallos y los besa. '¿Y qué pasó con Ana?'

'Ella murió en la masacre de Herodes. '

'¡Oh! ¡Pobre mujer! Ella estaba tan encariñada Contigo!'

'Los habitantes de Belén sufrieron mucho. Pero no han sido justos con los pastores. Porque ellos sufrieron mucho...'

'¡Pero ellos fueron buenos Contigo entonces!

'Sí. Y es por eso que son dignos de lástima. Satanás está celoso de su amabilidad pasada y les insta a cosas malas. Yo también estuve en Hebrón. Los pastores, perseguidos ... '

'¡Oh! ¿A esa extensión?'

'Sí, fueron ayudados por Zacarías, que les consiguió a ellos empleos y alimentos, incluso si sus amos eran gente dura. Pero son sólo almas y volvieron sus persecuciones y heridas en méritos de la verdadera santidad. Yo los reuní. Curé a Isaac ... y le di Mi nombre a un niño pequeño... En Juta, donde Isaac fue languideciendo y donde volvió a la vida de nuevo, ahora hay un grupo de inocentes, llamados María, José y Jesai... '

'¡Oh! ¡Tu nombre! '

'Y el Tuyo y el nombre del Justo. Y en Queriot, la patria de un discípulo, un fiel israelita muerto descansando en Mi corazón. Con alegría, habiéndome encontrado ... y entonces ... ¡Ah! la cantidad de cosas que tengo que contarte a Ti, Mi Amiga perfecto, dulce Madre! Pero antes que nada, te ruego, te pido que tengas tanta misericordia de aquellos que vendrán mañana. Escucha: ellos Me aman ... pero no son perfectos. Tú, Maestra de la virtud ... ¡oh! Madre, ayúdame para que sean buenos ... Me gustaría salvarlos a todos ... Jesús ha caído a los pies de María. Ella aparece ahora Su majestad Maternal.'

'¡Mi Hijo! ¿Qué quieres que Tu probe Madre haga major

que Tú?'

'Santificarlos ... Tu virtud santifica. Los he traído aquí
deliberadamente, Madre ... un día voy a decirte: " Ven
", porque entonces será urgente santificar las almas,
para que pueda encontrarlos dispuestos a ser redimidos.
Y no voy a ser capaz por Mí mismo ... Tu silencio será
tan elocuente como Mis palabras. Tu pureza ayudará a
Mi poder. Tu presencia alejará a Satanás ... y Tu Hijo,
Madre, se sentirá más fuerte sabiendo que estás cerca de
Él. ¿Vendrás, no?, Mi dulce Madre? '

'¡Jesús! ¡Querido hijo! Tengo la sensación de que Tú
no estás satisfecho ... ¿Cuál es el asunto, Criatura de
Mi corazón? ¿el mundo fue hostil Contigo? No? Es un
alivio creerlo ... pero ... ¡Oh! Sí. Iré. Dondequiera que
Tú desees, siempre y cuando Tú quieras. Incluso ahora,
en este sol abrasador o de noche, en un clima frío o
húmedo. ¿Me quieres? Aquí estoy. '

'No. No ahora. Pero un día ... Qué dulce es nuestro hogar.
¡Y Tus caricias! Déjame dormir así, con Mi cabeza sobre
Tus rodillas. ¡Estoy tan cansado! Todavía soy Tu pequeño
Hijo ... ' Y Jesús realmente se queda dormido, cansado y
agotado, sentado en la estera, con la cabeza en el regazo
de Su Madre, que felizmente acaricia Su cabello.

Al Día Siguiente En La Casa De Nazaret

Al amanecer del día siguiente, María, con Su vestido azul claro, descalza, ligera y silenciosa como una mariposa, se mueve activamente por la casa, tocando la pared y otras cosas. Luego, con cuidado, Ella abre la puerta sin hacer ruido, mira el camino desierto y luego deja la puerta entreabierta.

Ella ordena, abre puertas y ventanas, entra en el taller -ya abandonado por el carpintero y donde Ella ahora mantiene sus telares y también bulle alrededor de allí; con cuidado cubre uno de los telares siendo alimentados con los inicios de un nuevo paño tejido y le sonríe a Sus pensamientos mientras que los mira.

Afuera, en el jardín, las palomas se reúnen en Sus hombros y con vuelos cortos de un hombro al otro, pendencieras y celosas por Su amor, la acompañan hasta el armario de alimentos, donde encuentra un poco de grano para ellas. 'Aquí, la estancia aquí hoy. No hagas ningún ruido. ¡Él está tan cansado!'

Luego toma un poco de harina en la antesala para el horno de piedra y comienza a hacer el pan, amasando y sonriendo encantadoramente. Como Madre que le sonríe al día. Una vez más, Ella es la joven Madre de la

Natividad, hecha joven otra vez por Su alegría.

Ella separa un poco de masa y la pone a un lado, la cubre y luego vuelve a su trabajo, calentándose mientras Su pelo crece de color más claro a medida que se llena de polvo ligeramente con harina.

Calmadamente, María de Alfeo llega. '¿Ya estás trabajando?'

'Sí, estoy horneando pan, y mira: las tortas de miel que tanto Le gustan.'

'Tú haces los pasteles. La masa es bastante voluminosa. La trabajaré para Ti.'

María de Alfeo, una mujer más robusta del campo, trabaja en el pan con entusiasmo, mientras que María mezcla mantequilla y miel para las tortas. Ella hace muchos bollos de forma redonda y los coloca en una placa de metal.

'No sé cómo informarle a Judas... James no se atreve... y los otros... '

María de Alfeo suspira.

'Simón Pedro viene hoy. Él siempre viene con los peces en el segundo día después del Sabat. Le enviaremos a Judas.

'Si él está dispuesto a ir...'

'¡Oh! Simón nunca Me dice que no.'

'Que la paz sea en este día de vosotros', dice Jesús emergente. Las dos mujeres comienzan escuchando Su voz.

'¿Ya estás despierto? ¿Por qué? Yo quería que Tú durmieras...'

'Dormí como un niño en su cuna, Madre. Me temo que Tú no has dormido... '

'Te vi dormir... Siempre lo hice cuando Eras un bebé.

Siempre sonreías en Tu sueño y esa sonrisa tuya
permanecía todo el día en Mi corazón como una
perla... Pero anoche, Hijo, Tú no estabas sonriendo. Tú
suspirabas como quien se aflige... 'María, con dolor en Su
corazón, Lo mira.'
'Estaba cansado, Madre. El mundo no es como esta casa,
donde todo es honestidad y amor. Tú... Tú sabes quién
Soy y por lo tanto puedes entender lo que es para Mí
estar en contacto con el mundo. Es como caminar por
un camino fangoso. Incluso si un hombre tiene cuidado,
saldrá salpicado de barro y el hedor le penetrará incluso
si se esfuerza por no respirar... y si él es un hombre que
ama la limpieza y el aire puro, Te puedes imaginar lo
molesto que es...'
'Sí, hijo, lo entiendo. Pero me apena que Tú debas
sufrir...'
'Ahora estoy Contigo y no sufro. Es sólo la memoria...
Pero sirve para aumentar la alegría de estar Contigo.' Y
Jesús se inclina para besar a Su Madre.
Él acaricia también a la otra María, que acaba de entrar
toda sonrojada, después de encender el fuego del horno.
'Tendremos que informarle a Judas.' Es la preocupación
de María de Alfeo.
'No es necesario. Judas estará aquí, hoy.'
'¿Cómo lo sabes?', Jesús sonríe y calla.
'Hijo, todas las semanas, este día, Simón Pedro viene.
Él viene a traer el pescado capturado temprano en la
noche. Y aquí llega poco después del amanecer. Él estará
encantado hoy. Simón es bueno. Él siempre nos ayuda,
mientras él está aquí. ¿No, María?
'Simón Pedro es bueno y honesto', dice Jesús. 'Pero
también el otro Simón a quién Tú verás en breve, es un

hombre de buen corazón. Voy a su encuentro. Deben estar por llegar.'

Y Jesús se va mientras que las mujeres ponen el pan en el horno y luego entran a la casa, donde María se pone Sus sandalias y luego regresa con un vestido de lino blanco como la nieve.

Pasa algún tiempo y mientras esperan, María de Alfeo dice: 'Tú no tuviste tiempo de terminar ese trabajo.'

'Pronto estará terminado. Y Mi Jesús tendrá el alivio de la sombra sin tener Su cabeza agobiada.'

La puerta se empujada desde fuera. 'Madre: Aquí están Mis amigos. Adelante.'

Los discípulos y pastores entran todos juntos. Jesús toma de sus hombros a los dos pastores y les lleva hacia Su Madre: 'He aquí dos hijos en busca de una madre. 'Se su alegría, Mujer.'

'Seáis bienvenidos... Tú? ... Levi... Tú? No sé, pero de acuerdo a su edad, como Él Me dijo, debes ser José. Ese nombre es dulce y sagrado en esta casa. Vamos, vamos. Es con alegría que os digo: Mi casa, os da la bienvenida y una Madre que os abraza, en recuerdo del amor que en su padre tenía para Mi Hijo.'

Los pastores parecen fascinados, embelesados.

'Sí, soy María. Visteis a la feliz Madre. Yo sigo siendo la misma. También ahora estoy feliz de ver a Mi Hijo entre corazones fieles.'

'Y este es Simón, Madre.'

'Te merecías la gracia porque eres bueno. Lo sé. Y que la gracia de Dios esté siempre contigo.'

Simón, que tiene más experiencia en las costumbres del mundo, se inclina hacia el suelo, con los brazos cruzados sobre el pecho, y dice: 'Yo te saludo, verdadera Madre de la Gracia y ahora que he encontrado la Luz y a Ti, Quién es más suave que la luna, no voy a pedir al Padre Eterno nada más.'

'Y este es Judas Iscariote.'

'Tengo una madre, pero mi amor por ella se desvanece, en comparación con la veneración que siento por Ti.'

'No, no por mí. Por Él. Yo Soy, sólo porque Él lo es. No quiero nada para Mí. Yo sólo pido para Él. Sé cómo has honrado a mi Hijo en tu ciudad. Pero yo te digo a ti: deja que tu corazón sea el lugar donde Él reciba el más alto honor de ti. Entonces te bendeciré con un corazón de madre.'

'Mi corazón está bajo el talón de su Hijo. Una opresión feliz. Sólo la muerte deshará mi lealtad.'

'Y este es nuestro Juan, Madre.'

'No he estado preocupada desde que supe que estabas con Mi Jesús. Te conozco y mi mente está en paz cuando sé que estás con Mi Hijo. Yo te bendigo, Mi paz. 'Ella lo besa.'

La áspera voz de Pedro se escucha desde fuera: 'Aquí está el pobre Simón trayendo sus saludos y...' Él entra y queda estupefacto. Luego se lanza al piso con la cesta redonda que colgaba de su hombro y él se pone de rodillas diciendo: '¡Ah! ¡Señor Eterno! Pero... No, ¡Tú no deberías haberme hecho esto a mí, Maestro! Estuviste aquí... ¡y no dejaste que el pobre Simón lo sepa! ¡Que Dios Te bendiga, Maestro! ¡Qué feliz soy! ¡Ya no podía soportar estar más sin Ti!' Y él acaricia la mano de Jesús sin escuchar a Aquél que no deja de repetir: 'Levántate, Simón. ¿Vas a levantarte?'

'Sí, me levantaré. Pero... ¡Oye, tú, muchacho! ... 'Pedro le dice a Juan.'... ¡por lo menos me lo podrías haber dicho!

Ahora corre rápido. Ve a Cafarnaúm y dile a los demás...
y a la casa de Judas, en primer lugar. Tu hijo está a
punto de llegar, mujer.... Sé rápido. Imagínate que tú eres
una liebre siendo perseguida por los perros.'
Juan deja de reír.
Pedro, ahora y hasta el final, mantiene aún la delgada
mano de Jesús en sus los rechonchos cortos marcados
dedos con las venas hinchadas, él la besa, sin dejar
que se vaya, aunque también parece estar ansioso por
entregar los peces que hay en la cesta en el suelo. '¡Eh!
No. No quiero que Te vayas de nuevo sin mí. ¡Nunca más,
nunca más tanto tiempo sin Verte! Te seguiré como una
sombra sigue a un cuerpo y la cuerda sigue al ancla.
¿Dónde has estado, Maestro? Yo seguía preguntando:
"¡Oh! ¿Dónde estará Él? ¿Qué estará haciendo? Y será
ese muchacho, Juan, ¿será capaz de cuidar de Él?
¿Se asegurará de que Jesús no se canse demasiado?
¿Que no se quede sin comida? ¡Eh! Tú sabes... ¡Tú has
perdido peso! Sí, Lo has perdido. ¡Juan no cuidó de Ti
apropiadamente! Yo le diré a él esto... Pero, ¿dónde has
estado, Maestro? ¡Tú no me estás diciendo nada! '
'¡Estoy a la espera para que Me des la oportunidad de
decir una palabra!'
'Es cierto. Pero... ¡Ah! Verte es como tener un nuevo vino.
Se sube a la cabeza sólo con su olor. ¡Oh! Mi Jesús.' Peter
es casi llorando de alegría.
'Yo también te extrañé. Os he echado de menos a todos,
aunque Yo estuve con amigos queridos. Aquí, Pedro.
Estos dos hombres Me han amado desde que era un
Bebé Recién Nacido. ¡Aún más! Ellos han sufrido por
Mi causa. Aquí es un hijo que perdió a su padre y a
su madre por Mi causa. Pero ahora él tiene a muchos

hermanos en todos vosotros, ¿no es cierto?'.
'Por supuesto, Maestro. Si por casualidad, el Diablo
debe Amarte, quiero amarlo porque él Te ama. Veo
que eres pobre, también. Así que somos iguales. Ven
aquí para que yo pueda darte un beso. Soy pescador,
pero mi corazón es más tierno que el de una paloma.
Y es sincero. No hagas caso si soy duro. Soy duro
externamente. Por dentro soy mantequilla y miel. Pero
con buena gente... porque con los malos...'
'Y este es el nuevo discípulo.'
'Creo que ya lo he conocido...'
'Sí, es Judas Iscariote y Tu Jesús que fue bienvenido
en esa ciudad a causa de él. Os pido que os améis,
incluso si son de diferentes regiones. Todos vosotros sois
hermanos en el Señor.'
'Y le trataré a él como tal, si va a ser tal. ¡Eh! Sí...
(Pedro se queda mirando a Judas, una mirada de
advertencia franca), sí, puedo también decirlo, así que tú
lo entenderás a la vez y correctamente. Te diré: No creo
en la mayor parte de habitantes de Judea, en general,
y de los ciudadanos de Jerusalén en particular. Pero
soy honesto. Y sobre mi honestidad te puedo asegurar
que voy a dejar a un lado todas las ideas que tengo de
ti y quiero verte sólo como un discípulo hermano. Te
corresponde a ti ahora que no me hicieras cambiar de
opinión y mi decisión.'
'¿Tienes esas ideas preconcebidas, Simón, también con
respecto a mí?', Pregunta el Zelote sonriendo.
'¡Oh! No te había visto. ¿Con respecto a ti? ¡Oh! No. La
honestidad está pintado en tu cara. La bondad viene de
tu corazón, como fragante aceite de un florero poroso. Y
tú es un hombre mayor, que no siempre es un mérito.

A veces, cuanto más viejo se pone, más falso y peor te vuelves. Pero tú eres uno de aquellos que se comportan como los vinos de la vendimia. Cuanto más viejo, mejor y más puro se convierten.'

'Has juzgado bien Pedro', dice Jesús. 'Ahora venid. Mientras que las mujeres están trabajando para nosotros, vamos a detenernos bajo la enramada fresca. ¡Qué hermoso es estar con amigos! Entonces nos iremos todos juntos a través de Galilea y más lejos. Bueno, no todos. Ahora que Levi está satisfecho, va a volver a Elías para decirle que María le envía Sus saludos. ¿Está bien Madre?'

'Que lo bendigo él, al igual que a Isaac y los demás. Mi Hijo Me ha prometido llevarme a Mí junto con Él ... e iré con vosotros, los primeros amigos de Mi Hijo.'

'Señor, me gustaría que Leví le llevara a Lázaro de la carta que Tú conoces.'

'Tenerlo listo, Simón. Hoy es un día de fiesta completo. Levi se irá mañana por la tarde. En vez de estar allí antes del Sabat. Venid, Mis amigos...'

Y ellos van hacia el jardín verde de la cocina.

Jesús En El Lago De Tiberías. Lección A Sus Discípulos Cerca De La Misma Ciudad

Jesús junto con Sus trece discípulos, están en dos barcos en el lago de Galilea; Jesús está con Pedro en la barca de Pedro, junto con Andrés, Simón, José y dos primos de Jesús; Judas Tadeo y Santiago.

Los dos hijos de Zebedeo, Juan y Santiago se encuentran en el segundo barco junto con Judas Iscariote, Felipe, Tomás, Natanael y Mateo.

Los dos barcos, no se utilizan para la pesca, sino para el paso solamente, navegan rápido antes del viento frío del norte que ondula suavemente el agua que sale de un encaje de obra fina de espuma en el azul turquesa de las hermosas aguas del lago.

Los dos barcos zarpan en compañía-con la barca de Pedro a sólo unos pocos metros por delante del Segundo barco dejando dos estelas que se juntan casi de inmediato para formar una agradable espuma chispeante brillante.

Al estar a sólo unos pocos metros de distancia, los discípulos observan y comentan; los galileos ilustran y explican los distintos puntos del lago a los de Judea, sus oficios, las personas importantes que viven en la zona, la distancia desde Cafarnaúm donde comenzaron hasta el lugar de llegada a Tiberías.

Sentado en la proa, Jesús disfruta de las bellezas de
la naturaleza alrededor de Él; el cielo azul tranquilo
y el lago azul con su borde circular de verdes orillas
donde muchos pueblos se destacan sobre el verde de la
campiña.

Casi acostado en un manojo de velas en la parte frontal
de la proa, Él no presta atención a la conversación de
los discípulos. A menudo, baja la cabeza para mirar en
el espejo del lago color zafiro como si fuera a estudiar su
profundidad y las criaturas que viven en el agua clara.
En dos ocasiones, Pedro se dirige a Él para preguntarle
si está abrumado por el sol, ya ascendido desde el este
y ahora brilla completamente en el barco dando calidez
aunque no caliente.

La segunda vez, Pedro también pregunta si Jesús quiere
un poco de pan y queso como los demás. Pero Jesús no
quiere ni la tienda, ni el pan y Pedro le deja solo.

Algunas pequeñas barcas de ocio, del tamaño de una
canoa, equipadas con toldos de color púrpura y cojines
blandos, cortan a través del curso de los barcos de los
pescadores acompañadas de gritos, risas y el olor de los
perfumes. Las barcas están llenas de bellas mujeres,
romanos alegres, algunos palestinos y algunos griegos.
Un joven delgado, moreno como una aceituna casi
madura y está elegantemente vestido con una túnica
corta de color rojo con bordes de traste griego pesados y
se mantiene apretada a la cintura por un cinturón que es
una obra maestra de la orfebrería, dice:

'¡Hellas es hermoso! Pero ni siquiera a mi patria Olímpico
tiene este azul y estas flores. Realmente no es de extrañar
que las diosas dejaron de venir aquí. Vamos a difundir

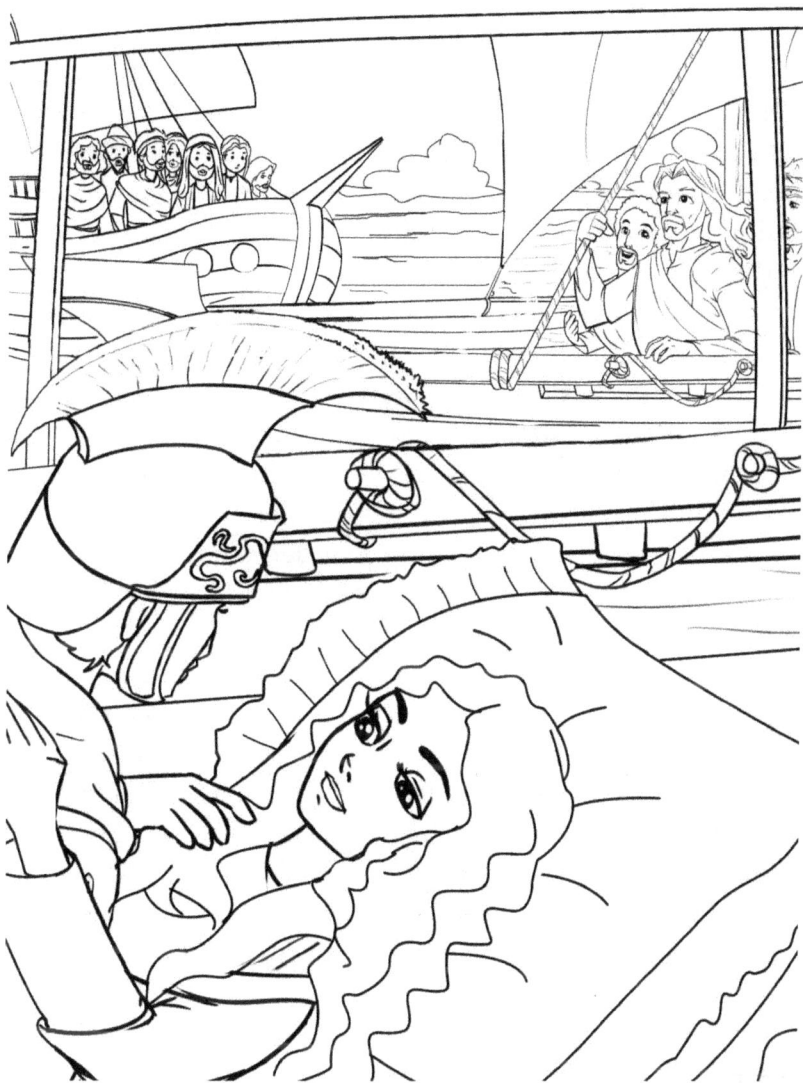

las flores, las rosas y nuestras felicitaciones a las dioses,
ya no griegos, sino de Judea ... ', Y él, esparce sobre las
mujeres en su barco, pétalos de rosas magníficas, y tira
un poco en un barco cercano.
Un romano responde: '¡Esparcelos, espercelos, griego!
Pero Venus está conmigo. Yo no esparzo rosas, las recojo
de esta hermosa boca. ¡Es más dulce! ' E inclinándose, le
besa los labios abiertos sonrientes a María de Magdala,
quien se apoya en cojines con su rubia cabeza en el
regazo del romano.
Los pequeños barcos ahora están delante de los dos más
grandes y debido a la inexperiencia de los remeros, así
como las rachas de viento, los barcos casi chocan.
'Ten cuidado, si sus vidas son queridas para ti', grita
Pedro, que vira violentamente y desplaza el timón para
evitar una colisión. Los insultos de los hombres y los
gritos de miedo de las mujeres van barco en barco.
'¡Fuera del camino, perros judíos sucios!', los romanos
insultan a los galileos.
Pedro y los demás galileos no dejan que los insultos
pasen. Pedro se ruboriza como un gallo, parado en el
borde de la embarcación que se balancea violentamente
y con las manos en las caderas, les da la misma moneda
que no perdonarán romanos, griegos, judíos o judías.
Él ataca a las mujeres con títulos tan amables que no
se pueden repetir y la pelea dura hasta que se desata la
maraña de quillas y remos y todos ellos van por caminos
separados.
Mientras todo esto ocurre, Jesús no se mueve de su
lugar y permanece sentado, con la mente muy lejos, sin
una mirada o una palabra a los barcos o a los pasajeros.
Apoyado en un codo, Él mira la costa a lo lejos, como si

nada estuviera pasando. Una mujer le lanza una flor a
Él y se ríe, pero Él no se mueve. La flor casi golpea su
rostro, y luego cae sobre las tablas y termina a los pies
del furioso Pedro.

A medida que los barcos se alejan, la Magdalena se
pone de pie y siguiendo la indicación de uno de sus
compañeros de vicios, vuelve sus hermosos ojos hacia
el rostro sereno de Jesús, cuya mente está todavía muy
lejos. ¡A qué distancia de este mundo está esa cara! ...

'¡Dilo Simón!' Pide Judas Iscariote. 'Dado que tú es una
persona de Judea como yo, dime: Esa bella rubia en la
falda del romano, la que se levantó hace unos minutos,
¿no es ella la hermana de Lázaro de Betania?

'No sé', es la fuerte respuesta de Simón el cananeo. 'He
vuelto de entre los vivos hace muy poco tiempo y ella es
una mujer joven ...'

'No vas a decirme que no conoces a Lázaro de Betania,
¡espero! Sé muy bien que tú eres su amigo y que has
estado allí también con el Maestro.'

'¿Y si así fuera?'

'Y puesto que es así, yo digo que tú debes conocer
también a la pecadora que es la hermana de Lázaro.
¡Incluso los muertos la conocen! La gente ha estado
hablando de ella durante los últimos diez años. Empezó a
ser descocada, tan pronto como llegó a la pubertad. ¡Pero
por más de cuatro años! Tú debes ser consciente del
escándalo, incluso si estabas en el "valle de los muertos".
Toda Jerusalén hablaba de ella. Y Lázaro se encerró en
Betania ... Él hizo lo correcto, después de todo. Nadie
hubiera puesto un pie en su magnífica casa en Sión,
donde ella también iba y venía. Quiero decir: nadie con
una vida santa. En el país ... ¡bien! ... En cualquier caso,

ella siempre está alrededor, pero nunca en casa ... Ella
está, sin duda, en Magdala ahora ... Con un nuevo amor
... ¿Tú no me contestas? ¿Puedes darme la mentira?
'No te estoy dando la mentira. Estoy en silencio.'
'¡Entonces, es ella! ¡Tú la has reconocido, también'
'Yo la vi cuando era una niña y era pura entonces. No la
he visto de nuevo ahora ... Pero la reconocería. Aunque
lasciva, ella es la viva imagen de su madre, una mujer
santa.'
'Bueno, entonces, ¿por qué estás en el punto de negar
que ella es la hermana de tu amigo?'
'Nos esforzamos siempre en ocultar nuestras llagas y las
de las personas que amamos. Sobre todo cuando uno es
honesto.'
Judas da una risa forzada.
'Tienes toda la razón, Simón. Y tú eres honesto', comenta
Pedro.
'¿Y la reconociste? ¡Tú por cierto va a Magdala para
vender tu pescado y me pregunto cuántas veces la has
visto! ... '
'Hijo mío, tú debes saber que cuando te rompes la
espalda después de un día de trabajo honesto, no estás
interesado en las mujeres. Sólo se ama la cama honesta
de su esposa.'
'¡Eh! ¡A todo el mundo le gustan las cosas hermosas! Por
lo menos, si no es por otra razón que las miras.'
'¿Por qué? Para decir: '¿No es alimento para mi mesa?'
No, ciertamente no. He aprendido muchas cosas del lago
y de mi trabajo y este es uno de ellos: un pez de agua
dulce y agua calma no es apto para agua salada o un
curso de agua turbulenta.
'¿Qué quieres decir?'

'Quiero decir que todo el mundo debe tener su lugar para evitar morir de mala muerte.'

¿La Magdalena te hizo sentir como si estuvieras muriendo?
'No, soy duro. Pero dime: ¿No te sientes bien, tal vez?'
'¿Yo? ?¡Oh! ¡Ni siquiera la miro! ... '
'¡Tú eres un mentiroso! Estoy seguro de estabas consumido de envidia porque no estabas en el barco, para estar más cerca de ella ... hubieras estado incluso conmigo para estar más cerca ... Tanto es así, que me honras con tu conversación a causa de ella, después de tantos días de silencio.'
'¿Yo? ¡Ella ni siquiera me has visto! ¡Ella siempre estaba mirando al Maestro! '
¡Ah! ¡Ah! ¡Ah! ¡Y él dice que no la estaba mirando! ¿Cómo puedes saber dónde ella estaba mirando si no la miras?
Todos se ríen de la observación de Pedro, excepto Judas, Jesús y Simón Zelote.
'¿Es eso Tiberías? Jesús le pregunta a Pedro, poniendo fin a la discusión, fingiendo que Él no ha escuchado.
'Sí, Maestro, lo es. Voy a halar ahora.
'Espera. ¿Puedes detenerte en esa pequeña bahía tranquila? Me gustaría hablar contigo a solas.'
'Voy a medir la profundidad y te diré', Y Pedro baja un palo largo en el agua y lo mueve lentamente hacia la orilla. 'Sí puedo, Maestro. ¿Quieres que vaya más cerca de la orilla?'
'Lo más cerca que se pueda. Hay sombra y soledad. Me gusta.'
Pedro se dirige hacia la costa y cuando el barco está a unos quince metros de distancia de la orilla, dice 'ahora

me toca.'

'Detente. Y ven lo más cerca posible y escucha.'
Jesús deja Su lugar y se sienta en el centro del barco, en
un tablón colocado transversalmente. Los discípulos en
Su barco se sientan alrededor de Él, mientras que el otro
barco está en frente de Él.
Escucha. Tú puedes pensar que Yo no presto atención
a tu conversación y, en consecuencia, de que Soy
un Maestro perezoso que no cuida de sus alumnos.
Tú debes saber que Mi alma no te deja un momento.
¿Alguna vez has visto a un médico que estudia a un
paciente afectado por una enfermedad no identificada
y presenta los síntomas de contraste? Él mantiene un
ojo sobre él. Después lo visita, le mira cuando duerme
y se despierta por la mañana y por la tarde, cuando
habla y mira cuando está en silencio porque todos los
síntomas pueden ayudar a identificar la enfermedad
oculta y sugerir una cura. Yo hago lo mismo contigo. Te
tengo por medio de hilos invisibles pero más sensibles,
que están injertados en Mí y que Me transmiten incluso
las vibraciones más claras de tu ego. Yo permito que
creas que eres libre, que puedes mostrarte a ti mismo
por lo que eres, lo que sucede cuando un escolar o un
maníaco piensan que no están siendo observados por su
supervisor.

Vosotros sois un grupo de personas, pero forman un
núcleo, es decir, una sola cosa. Vosotros sois por lo
tanto, una unidad, que se forma como un cuerpo y que
ha de ser estudiado en sus características individuales,
que son más o menos buenas, con el fin de darle forma,
amalgamarlo, redondearlo, aumentarlo en sus lados y

polivalentes para que sea una unidad perfecta. Es por eso que los estudio. Y te estudio también cuando está durmiendo.

¿Qué sois vosotros? ¿Qué habéis llegado a ser? Vosotros sois la sal de la tierra. Eso es lo que debéis volveros: la sal de la tierra. Con sal, carne y muchos otros víveres se conservan de la putrefacción. Pero si la sal no fuera salada, ¿podría ser utilizada para salar? Quiero salar al mundo con vosotros, para que se sazone con un sabor celestial. Pero ¿cómo se puede salar si vosotros os convertís sin sabor?

¿Qué causa que se pierda un sabor celestial? Aquello que es humano. El agua de mar, que es: el agua de mar real, es tan salada que no es buena para beber, ¿verdad? Y, sin embargo, si se toma una taza de agua de mar y se vierte en un ánfora de agua dulce se puede beber, porque el agua del mar está tan diluida que ha perdido su fuerza letal. La humanidad es como el agua fresca mezclada con vuestro sabor salado celestial. Una vez más, supongamos que podríamos tomar un pequeño arroyo de agua del mar y conseguir que fluya en este lago, ¿seríais capaces de trazar esa pequeña corriente? No. Se habría perdido en el agua fresca. Eso es lo que os pasa cuando os sumergís, o más bien, vosotros sumergís vuestra misión en mucha humanidad.

Vosotros sois hombres. Lo sé. ¿Y quién Soy Yo? Yo Soy Quién tiene toda la fuerza posible. Y, ¿qué hago Yo? Comunico tal fuerza a vosotros después de llamaros. Pero ¿cuál es el uso de la comunicación para vosotros,

si os disipáis bajo avalanchas de influencias humanas y
sentimientos?

Vosotros sois, vosotros debéis ser la luz del mundo.
Yo os elegí a vosotros: Yo, la Luz de Dios en medio de
los hombres, para que puedan seguir iluminando el
mundo, después de que Yo vuelva al Padre. Pero ¿podéis
iluminar si sois lámparas humeantes extinguidas? No.
No, con vuestro humo - un humo ambiguo es peor que
una mecha que se extingue por completo – vosotros
oscureceríais la luz tenue que los corazones de los
hombres todavía pueden tener.
¡Oh! ¡Miserables son los que aplicaran a los apóstoles
que buscan a Dios y en lugar de luz, reciban humo!
Será escándalo y muerte para ellos. Pero los apóstoles
indignos serán maldecidos y castigados. ¡Vuestro destino
es uno grandioso! ¡Y un compromiso tremendo también!
Pero recordaos que a los que se ha dado más, están
obligados a dar más. Y vosotros habéis recibido mucho,
tanto en el camino de la educación como regalos. Sois
educados por Mí, la Palabra de Dios, y vosotros recibís
de Dios el don de ser "los discípulos", es decir, los
continuadores del Hijo de Dios.
Me gustaría que meditéis sobre vuestra elección, para
examinaros a fondo a vosotros mismos, para pesaros...
y si alguien siente que es adecuado sólo para ser un
creyente - ni siquiera voy a decir: si alguien siente que
no es sino un pecador impenitente; Yo sólo os digo: si
alguien siente que es adecuado sólo para ser un creyente
-, pero no se siente la fuerza de un apóstol, que se retire.
El mundo es grande, hermoso, suficiente, ¡lo
suficientemente variado para aquellos que les encanta!

Ofrece todas las flores y todos los frutos adecuados
para el estómago y los sentidos. Yo ofrezco una cosa:
la santidad. Y en la tierra está lo más malo, lo más
pobre, lo más rudo, lo más espinoso y lo más perseguido
que existe. En el Cielo la mezquindad cambia en la
inmensidad, la pobreza en riqueza, las espinas en una
alfombra floreada, la dureza en un agradable camino liso,
la persecución a la paz y la bienaventuranza. Pero aquí
está el Trabajo de un héroe para ser santo. Eso es todo lo
que Yo puedo ofrecer.
¿Estáis dispuestos a permanecer Conmigo? ¿Sentís que
podéis estar? ¡Oh! No os asustéis o apenéis. Vosotros
Me oiréis hacer esta pregunta muchas veces. Y cuando
la escuchéis, por favor, pensad que Mi corazón llora
pidiendo, porque está herido por vuestra insensibilidad
a vuestra vocación. Así que examinad vuestras
propias conciencias, entonces juzgad con honestidad
y sinceridad, y luego tomad una decisión. Tomad una
decisión, para que no seáis reprobados. Decid 'Maestro,
amigos, me doy cuenta de que yo no estoy hecho para
esta vida. Te beso adiós y te digo: ora por Mí.'
Una mejor manera de traicionar. Mejor así que ...
¿Qué dices? ¿Traicionar a quién? ¿A quién? A Mí. Mi
causa, que es la causa de Dios porque soy una cosa
con el Padre. Y a vosotros mismos, sí, os traicionaríais
a vosotros mismos, traicionaríais a vuestras almas,
otorgándolas a Satanás. ¿Queréis permanecer Judíos?
No os voy a obligar a cambiar. Pero no debéis traicionar.
No traicionad a vuestras almas, Cristo y Dios. Os juro
que ni Yo, ni los fieles a Mí os criticarán. Tampoco
seréis despreciados por la gente fiel. Hace poco uno
de vuestros hermanos dijo una gran palabra: 'Nos

esforzamos siempre para ocultar nuestras llagas y las de las personas que amamos' Y él quien se iría, sería un dolor, un cáncer, que después de crecer en nuestra cuerpo apostólico, habría salido por su total gangrena, quedando una marca dolorosa, que mantendríamos cuidadosamente oculta.

No, no lloréis, vosotros sois los mejores. No lloréis. No os doy rencor, tampoco soy intolerante veros tan lentos. Vosotros acabáis de ser elegidos y no podéis esperar ser perfectos. Ni siquiera voy a exigiros después de algunos años, después de repetir cien o doscientas veces las mismas cosas en vano. No, escuchad: en unos pocos años seréis menos fervientes que ahora que vosotros sois novicios.

Así es la vida ... así es la humanidad ... Se pierde ímpetu después del primer salto. Pero (Jesús viene a Sus pies) Os juro que voy a ganar. Purificado por la selección natural, fortalecido por una mezcla sobrenatural, vosotros, mejores, os convertiréis en Mis héroes. Los héroes de Cristo. Los héroes de los Cielos. El poder de los Césares será como polvo en comparación con la realeza de su sacerdocio.

Vosotros, pobres pescadores de Galilea, vosotros, habitantes de Judea desconocidos, vosotros, meros números en la masa de los hombres presentes, os haréis más famosos, más aclamados, más venerados que César, y que todos los Césares del mundo alguna vez hayan tenido o tendrán. Seréis conocidos y bendecidos en el futuro próximo y en los siglos más remotos hasta el fin del mundo. Yo nombro a tal destino sublime porque vosotros estáis sinceramente dispuestos. Y voy a esbozar las características esenciales del carácter apostólico, de modo que vosotros podáis estar en forma para vuestro destino.

Estad siempre alerta y listos. Vuestros lomos deben estar siempre ceñidos y vuestras lámparas encendidas siempre como si fuerais a salir en cualquier momento o para correr para encontraros con alguien que está llegando. Vosotros sois, de hecho, y seréis hasta que vuestra muerte, peregrinos incansables en busca de vagabundos; y hasta que la muerte os expulse, sus lámparas se alzarán en lo alto e iluminarán para mostrarle el camino a las almas equivocadas que vienen hacia el redil de Cristo.

Vosotros debéis ser fieles al Maestro Quién os designó para tal servicio. Aquel siervo será recompensado por quien el maestro encuentra siempre vigilante y en los que la muerte se presenta en el estado de gracia. Vosotros no podéis y no debéis decir: 'Soy joven, tengo tiempo para esto y por eso, y luego voy a pensar en mi Maestro, mi muerte, mi alma! Los jóvenes mueren como los viejos, y hombres fuertes como los débiles. Y el viejo y el joven, fuerte y débil son igualmente sujetos a los asaltos de la tentación. Tened cuidado, porque el alma puede morir antes de que el cuerpo y puede llevar a todas partes, sin saberlo, un alma podrida. ¡La muerte de un alma es tan imperceptible! Al igual que la muerte de una flor. No es un grito, ni una convulsión ... se inclina su llama como una corola cansada y se apaga. Más tarde, a veces después de un largo tiempo, a veces inmediatamente después, el cuerpo se da cuenta de que está llevando un cadáver verminoso dentro de sí mismo, se vuelve loco de miedo y se suicida para evitar tal unión ... ¡Oh! ¡eso no lo evita! Se cae en un enjambre de serpientes en el infierno con su alma muy verminosa. No seáis deshonestos como corredores o agentes bajo cuerda, quienes se ponen del lado de dos clientes opuestos. No seáis falsos como los políticos, quienes llaman a este hombre y a aquel hombre "amigo", mientras que son enemigos de los dos. No actuéis de dos maneras diferentes. Vosotros no podéis reíros o engañar a Dios. Comportaos con los hombres como lo hacéis con Dios porque un insulto al hombre es un insulto a Dios. Dejad que Dios os vea como vosotros deseáis ser vistos por los hombres.

Sed humildes. No podéis reprochar a vuestro Maestro por no serlo. Puse el ejemplo. Haced lo que Yo hago. Sed humildes, mansos, pacientes. Así es como se conquistó el mundo. No por la violencia o la fuerza. Sed fuertes y violentos contra vuestros vicios. Erradicadlos a costa de romper vuestros corazones. Hace algunos días os dije que veáis sobre los ojos. Pero vosotros no sabéis cómo hacerlo. Yo os digo: que sería mejor ser ciego sacando los ojos codiciosos en lugar de convertiros en lujuria. Sed sinceros. Yo soy la Verdad: tanto en las cosas sublimes y humanas. Yo quiero que seáis genuinos, también. ¿Por qué ser engañoso Conmigo, o con vuestros hermanos, o con vuestro prójimo? ¿Por qué engañar a la gente? Orgullosos como sois, ¿por qué no decir: 'No quiero que la gente sepa que soy un mentiroso'? Y ser sincero con Dios. ¿Creéis que podéis engañarlo a Él con largas oraciones manifiestas? ¡Oh! ¡pobres niños! ¡Dios ve dentro de vuestros corazones!

Sed castos en hacer el bien. También en dar limosna.
Un hombre de impuestos sabía cómo ser antes de su
conversión. Y ¿vosotros no sois capaces? Sí, Yo te alabo,
Mateo, por tu casta oferta semanal, que sólo el Padre y
Yo sabíamos era tuya y te estoy citando como ejemplo.
También es una forma de castidad, Mis amigos. No
revelad vuestra bondad así como no desnudaríais a
una hija pequeña ante una multitud de personas. Sed
vírgenes en hacer el bien. Un buen acto es virgen cuando
está libre de cualquier conexión con pensamientos de
orgullo y alabanza, o de incentivos de orgullo.

Sed fieles a vuestra vocación de Dios, no se puede
servir a dos señores; Un lecho nupcial no puede tener
dos novias al mismo tiempo. Dios y Satanás no pueden
compartir vuestros abrazos. El hombre no puede, no
puede ni Dios ni Satanás, compartir un abrazo de
agudos conflictos con los tres abrazándose entre sí. Sed
enemigos a la lujuria por el oro, así como a la codicia de
la carne, a la concupiscencia de la carne en cuanto a la
ambición de poder. Eso es lo que Satanás os ofrece. ¡Oh!
¡sus riquezas engañosas! Honor, éxito, poder, riqueza:
mercados obscenos donde las almas son la moneda de
curso legal. Estar satisfecho con poco. Dios os da lo
que es necesario. Es suficiente. Él garantiza eso para
vosotros como lo hace para las aves del aire y vosotros
valéis mucho más que las aves. Pero Él quiere confianza
y moderación de vosotros. Si vosotros confiáis en Él, Él
no os defraudará. Si sois moderados, Su don diario será
suficiente para vosotros.

No seáis paganos por ser de Dios sólo por su nombre.

Esos son los paganos que aman el oro y el poder con el fin de aparecer como semidioses más de lo que aman a Dios. Sed santos y seréis como Dios en la eternidad. No seáis intolerantes. Ya que todos somos pecadores, comportaros con los demás como os gustaría que los demás se comportasen con vosotros: es decir, con misericordia y perdón.

No juzguéis. ¡Oh! ¡no juzguéis! Vosotros sólo habéis estado Conmigo durante un corto tiempo y sin embargo han visto cuántas veces, aunque inocente, he sido injustamente juzgado y acusado de pecados que no existen. Una mala decisión es un insulto. Y sólo los verdaderos santos no pagan la moneda adeudada del infractor. Abstenerse, por tanto, a las ofensas para que no podáis ser ofendidos. Así no fallaréis en sus deberes a la caridad o a la santidad, queridos, la humildad benévola, que es enemiga de Satanás, junto con la castidad. Perdonad, siempre perdonad. Decid: 'Yo perdono, Padre, para que yo pueda ser perdonado por Tu parte de mis innumerables pecados.'
Mejorad cada hora, con paciencia, perseverancia, heroísmo. ¿Quién os dijo que no es doloroso ser buenos? No, yo os digo: es la mayor obra. Pero la recompensa es el Cielo y por lo tanto, vale la pena estar agotados en este tipo de trabajo.

Y amad. ¡Oh! ¿Qué palabras debo utilizar para persuadiros de amar? ¡Ninguna es adecuada para convertiros a amar, hombres pobres, instigados por Satanás! Por eso digo: 'Padre, acelera la hora de la purificación. Esta tierra y esta bandada de Tuyos están secas y enfermas. Pero hay un rocío que puede limpiarlos y calmarlos. Abre su fuente. Ábreme, Padre. Aquí Me estoy quemando con el deseo de cumplir Tu voluntad, que es también la Mia y del Amor Eterno. ¡Padre, Padre, Padre! Mira a Tu Cordero y se Su Sacrificador. Verdaderamente inspirado y de pie con los brazos extendidos en forma de cruz y el rostro levantado hacia el cielo, Jesús, en su túnica de lino y con el lago azul detrás de él, parece un arcángel rezando.

Jesús En La Ciudad Del Mar Recibe Cartas Sobre Jonás

Es una hermosa ciudad de mar con un gran abismo, natural y bien protegido, que tiene capacidad para albergar muchos barcos. En el puerto, que lo hace aún más seguro el enorme muro del puerto, hay antiguas galeras romanas con soldados a bordo. Los soldados están desembarcando, ya sea para aliviar las tropas o para reforzar la guarnición.

Jesús y sus discípulos están sentados a gusto con los residentes, en una humilde casa de un pescador cerca del puerto, probablemente amigos de Pedro y Juan. José está ausente. Y también Judas Iscariote.

Hablando de manera informal a los miembros de la familia y otras personas que han venido a escuchar lo a Él, las palabras de Jesús están llenas de consejo y consuelo, como sólo Él puede dar.

Entra Andrés, al volver de un recado con algunos panes en sus manos. Tímido como es, se sonroja cuando se acerca, torturado por la atención que debe estar levantando y en lugar de hablar, él susurra:
'Maestro, ¿puedes Tú venir conmigo? Hay ... hay algo bueno por hacer. Pero sólo Tú puedes hacerlo.'

Sin preguntar lo bueno que es, Jesús se levanta.

'¿A dónde Lo llevas?' pregunta Pedro. 'Él está muy cansado. Es la hora de cenar. Ellos pueden esperar por Él hasta mañana.'

'No ... hay que hacerlo de una sola vez. Es ...'

'¿Por qué no hablas, te asustaste gacela? ¿Cómo puede un hombre muy grande ser así? ... ¡Pareces un pequeño pez capturado en la red!'

Andrés se ruboriza de repente y Jesús lo defiende, trayéndolo hacia Sí. 'Me gusta así. Déjalo en paz. Tu hermano es como el agua sana. Trabaja silenciosamente en el fondo, trata de salir de la tierra como una fina corriente pero que cura a los que van cerca de él. Vamos, Andrés.'

'¡Yo también voy! Quiero ver a dónde Te lleva', insiste Pedro.

'No, Maestro. Sólo Tú y yo, solos', implora Andrés. 'Si hay una multitud es imposible. Es una cuestión de amor ...'

'¿Qué es eso? ¿Estás jugando el paraninfo ahora? '

Ignorando a su hemano, le dice Andrés a Jesús: 'Un hombre quiere repudiar a su esposa y ... y yo le he hablado. Pero yo no soy capaz. Pero si hablas ... ¡oh! Tú tendrás éxito porque el hombre no es una mala persona. Él es ... él es ... él te lo dirá.'

Sin más preámbulos, Jesús sale con Andrés.

Pedro está un momento indeciso y luego luego dice: 'Iré. Por lo menos quiero ver a dónde van.' Y él sale, aunque los otros le dicen que no.

Como Andrés surge de una estrecha calle atestada, Pedro lo sigue sobre y alrededor de una pequeña plaza llena de mujeres ancianas. Andrés enhebra su camino a través de un arco que se abre a un amplio patio rodeado de pobres

85

casitas bajas, aún con Pedro a sus espaldas.

Jesús entra en una de las pequeñas casas con Andrés y Pedro acecha afuera. Una mujer lo ve y le pregunta: '¿Eres tú un pariente de Aava? ¿Y esos dos? ¿Has venido para llevártela?'

'¡Cállate tú, cacareo de gallina! No se supone que me vean', responde Pedro, lanzando miradas fulminantes a la mujer que se va a conversar con las otras Viejas mujeres. Pero Pedro es rodeado inmediatamente por un círculo de mujeres, niños y hombres, que simplemente ordenando unos a otros a permanecer en silencio, hacen tanto ruido que dan a conocer su presencia. Pedro es consumido por la ira .... pero es en vano.

La calmada y hermosa voz de Jesús flota hacia fuera desde el interior de la casa, junto con la voz rota de una mujer y la voz ronca de un hombre:

'Si ella siempre ha sido una buena esposa, ¿por qué repudiarla? ¿Alguna vez te hecho mal?

No, Maestro, ¡te lo juro! Le he querido como a la pupila de mis ojos', gime la mujer.

Y el hombre, fuerte y duro: 'No, ella nunca me hecho daño, excepto en ser estéril ...' viene la voz del hombre, dura y afilada. '.. Y quiero hijos. No quiero que la maldición de Dios sobre mi nombre.'

'No es culpa de tu esposa si ella es así.'

'Él pone la culpa a mí. Sobre mi y mi familia, como si nosotros traicionáramos ...'

'Mujer, sé sincera. ¿Tú sabías que eras estéril?

'No, yo era y soy como todas las mujeres. Asimismo, el médico dijo que sí. Pero no tengo éxito en tener hijos.'

Se puede ver que ella no te ha traicionado. Ella sufre por eso. Responderás sinceramente también: si ella fuera

una madre, ¿la repudiarías?
'No, te lo juro. No hay ninguna razón. Pero el rabino lo
dijo así, y también el escriba: 'Una mujer estéril es la
maldición de Dios sobre una casa y es su derecho y el
deber de darle un libelo de divorcio y no disgustar a su
virilidad por privarse de los niños.' 'Estoy haciendo lo que
dice la ley.'
'No. Escucha. La Ley dice: 'No cometerás adulterio' y
tú estás a punto de cometerlo. Ese es el mandamiento
original y nada más. Y si a causa de la dureza de vuestro
corazón Moisés concedió el divorcio, fue para evitar
intrigas y concubinatos aborrecedores de Dios. Luego,
vuestro vicio amplió cada vez más la cláusula de Moisés,
la creación de cadenas perversas y piedras asesinas
que son el lote actual de la mujer, siempre víctimas de
vuestra arrogancia, de vuestros caprichos, de vuestra
sordera y vuestra ceguera ante afectos. Yo te digo: no es
legal hacer lo que quieres hacer. Tu acción es una ofensa
a Dios. ¿Acaso tal vez Abraham repudió a Sarah? ¿Y
Jacobo, Raquel? ¿Y Elcana, Anna? ¿Y Manoa a su mujer?
¿Conoces al Bautista? ¿Lo conoces? Bueno: su madre
fue estéril hasta su vejez y luego dio a luz al varón santo
de Dios, como la esposa de Manoa dio a luz a Sansón, y
Ana de Elcana a Samuel y Raquel a José, y Sara a Isaac.
Para la continencia del marido, a su compasión por su
mujer estéril, a su fidelidad al matrimonio, Dios concede
un premio y un premio celebra a través de los siglos, ya
que Él concede consuelo para las mujeres estériles que
lloran, ya no estériles ni deprimidas, sino gloriosas en la
alegría de ser madres. Tú no estás permitido de ofender
su amor. Se justo y honesto. Dios te recompensará más
allá de tu mérito.'

'Señor, Tú eres el único con el que hablo ... yo no lo
sabía. Le pregunté a los médicos y me dijeron a mí:
'Házlo.' Pero ni una sola palabra para decirme que Dios
recompensa a una buena acción con los regalos. Estamos
en sus manos ... y cerramos nuestros ojos y nuestros
corazones con mano de hierro. Yo no soy un hombre
malo, Maestro. No te enojes conmigo.'
'Yo no estoy enojado. Lo siento más por ti que por esta
mujer que llora. Debido a que el dolor terminará con
su vida. La tuya empezará entonces, para durar para
siempre. Piensa en ello.'
'No, no va a comenzar. Yo no quiero empezar. ¿Tú me
juras por el Dios de Abraham que lo que dices es verdad?'
'Yo Soy la Verdad y la Sabiduría. Quien cree en Mí tendrá
la justicia, la sabiduría, el amor y la paz.'
'Quiero creer en Ti. Sí, quiero creerte. Siento que hay
algo en Ti que no está en los otros. Bueno. Ahora iré al
sacerdote y le diré: 'No voy a repudiarla por más tiempo.
Voy a seguir ella y sólo voy a pedirle a Dios que me ayude
a sentir menos el dolor de no tener hijos', Aava: No llores.
'Vamos a pedirle al Maestro que vuelva de nuevo para
guiarme bien, y tú ... continua amándome.'

La mujer llora más fuerte por el contraste entre su pena
anterior y la presente alegría. Jesús sonríe. 'No llores.
Mírame. Mira mujer.' Ella mira hacia arriba. Ella mira el
rostro brillante a través de sus lágrimas.
'Ven aquí, hombre. Arrodíllate al lado de tu esposa. Ahora
voy a bendecir y santificar vuestra unión. Escuchad...'
Y con una voz de trueno, con las manos extendidas sobre
sus cabezas inclinadas, Jesús ora:
'Señor, Dios de nuestros padres, Quien hizo a Adán del

polvo de la tierra y le dio a Eva como compañera, para
que pudieran poblar la tierra con los hombres, criándolos
en Su santo temor, desciende con Tu bendición y Tu
misericordia, abierta y fecunda el vientre que el enemigo
había cerrado para conducirlos a un doble pecado de
adulterio y desesperación. Ten piedad de estos dos niños,
Santo Padre, Creador Supremo. Hazlos felices y santos.
Que ella sea tan prolífica como un viñedo y su protector,
como el olmo apoya la vid. Desciende, vida, para dar
vida. Desciende, fuego, para inflamar. Desciende, energía,
para activar. ¡Desciende! Concédeles que para la fiesta de
los cultivos fructíferos el próximo año puedan ofrecerte a
Ti, su haz viviente, su primogénito, un hijo, consagrado
a Ti, Padre Eterno, Quien bendices a los que esperan en
Ti.'
La gente ya no se abstiene, sino que se reúne, con Pedro
delante de todos ellos.
'Levantaos. Tened fe y sed santos.'
'¡Oh! ¡Quédate, Señor! Mendiga la pareja reconciliada.
'No puedo. Volveré. Voy a estar aquí muy a menudo.'
'¡Quédate, quédate! Háblanos también a nosotros!', grita
la multitud. Jesús bendice, pero no se detiene. Promete
sólo que volverá pronto. Y Él va a Su casa hospitalaria,
seguida de una pequeña multitud.
'Hombre inquisitivo: ¿qué debo hacer por ti?' Él le
pregunta a Pedro en el camino.
'Lo que Tú desees. Sin embargo, yo estaba allí...'
Entran a la casa y despiden a la multitud que están
comentando sobre las palabras que han escuchado, y se
sientan a cenar. Pero la curiosidad de Pedro no está aún
satisfecha. 'Maestro, ¿Habrá realmente un hijo?'
'¿Alguna vez Me has visto a Mí, prometiendo cosas que

no se hacen realidad?' ¿Crees que Me tomaré la libertad
de utilizar la confianza del Padre para mentir y engañar?
'

'No... pero... ¿Podrías Tú hacerle eso a todas las parejas
casadas?'
'Podría. Pero lo hago sólo cuando veo que un hijo puede
ser un incentivo a la santidad. Yo no lo hago en la que
sería un obstáculo.'
Pedro se riza el pelo canoso y se aquieta.
El pastor José viene cubierto de polvo como el que ha
recorrido un largo camino.
'¿Tú? ¿Por qué estás aquí?', Le pregunta Jesús después
de un beso de saludo.
'Tengo algunas cartas para Ti. Tu Madre me las dio y una
es de Ella. Aquí están. 'Y José le entrega tres pequeños
rollos de pergamino fino, atados con un poco de cinta.
La más grande está sellada, la segunda tiene sólo un
nudo y la tercera muestra el sello roto. 'Ésta es de Tu
Madre', dice José, señalando a la del nudo. Jesús la
desdobla y la lee primero en voz baja y luego en voz alta.
'Para mi Hijo amado, paz y bendiciones. Un mensajero
de Betania llegó aquí en la primera hora en el primer día
del mes de Elul. Era el pastor Isaac, a quien le di el beso
de la paz y refrescos en Tu nombre y en agradecimiento
por mi parte. Él Me trajo estas dos cartas que te estoy
enviando a Ti y Me dijo que Tu amigo Lázaro de Betania
Te presiona para consentir su petición.
Mi amado Jesús, bendito Hijo y Señor, también tengo dos
cosas que preguntarte. Una de ellas es para recordarle
que Tú Me prometiste llamar a Tu pobre Madre para
instruirla en la Palabra. La otra es que Tú no debes venir
a Nazaret, sin hablar Conmigo primero'.'

Jesús se detiene de repente, se pone de pie y va hacia Santiago y Judas. Él los abraza con fuerza y luego repite de memoria las palabras: 'Alfeo ha vuelto al seno de Abraham en la última luna llena, y fue grande el luto en la ciudad ...' Los dos hijos lloran sobre el pecho de Jesús, que continúa: 'En la última hora él Te quería a Ti.' Pero Tú estabas muy lejos. Pero es un consuelo para María, que considera que es un signo del perdón de Dios y debe darles paz también a Mis sobrinos. '¿Has oído? Ella dice que sí. Y ella sabe lo que está diciendo.'

'Dame la carta', implora Santiago.

'No, te haría daño.'

'¿Por qué? ¿Qué puede decir que sea más doloroso que la muerte de un padre? ... '

'Eso nos maldijo', suspira Judas.

'No. No es así', dice Jesús.

'Tú lo dices... no para perforarnos. Pero es así.'

'Léela, entonces.'

Y Judas lee: 'Jesús: Te ruego, y también María ruega que; no vengas a Nazaret hasta que el duelo haya terminado. Su amor por Alfeo hace que los nazarenos injustos Contigo y Tu Madre lloran por eso. Nuestro buen amigo Alfeo Me reconforta y calma la ciudad. El informe de Aser e Ismael en la esposa de Chuza causó un gran revuelo. Pero Nazaret es ahora un mar agitado por vientos diferentes. Te bendigo, Mi Hijo, y pido Tu paz y la bendición para Mi alma. Paz a Mis sobrinos. Madre.'

Los apóstoles hacen sus comentarios y consuelan a los hermanos que lloran. Pero Pedro dice: '¿Tú no estás leyendo eso?.'

Jesús asiente y abre la carta de Lázaro. Él llama a Simón Zelote y la leen juntos en un rincón. Luego abren el

último rollo y lo leen también, discuten entre ellos y el zelote se esfuerza sin éxito para persuadir a Jesús acerca de algo.

Con los rollos en Su mano, Jesús viene hacia el centro de la habitación y dice: 'Escuchad, amigos. Somos una sola familia y no hay secretos entre nosotros. Y si se trata de compasión para ocultar el mal, es la justicia para hacerla buena conocida. Escuchad lo que escribe Lázaro de Betania: "Al Señor Jesús la paz y la bendición, y la paz y la salud para mi amigo Simón. Recibí Tu carta y, siervo como soy, puse mi corazón, mi palabra y todos mis medios a Tu servicio para hacerte feliz a Ti y tener el honor de no ser un siervo inútil. Fui a la casa de Doras, a su castillo en Judea, para pedirle que me vendiera a su siervo Jonás, como Tú deseas. Confieso que si no hubiera sido solicitado por Simón, un amigo fiel, en su nombre, no me hubiera enfrentado a ese burlón, cruel, impío chacal. Pero por Ti, mi Maestro y Amigo, siento que puedo enfrentar también a Mamón. Porque creo que los que trabajan para Ti, están cerca de ti, en consecuencia están protegidos. Y ciertamente han ayudado, ya que, contrariamente a lo esperado, gané. La discusión fue dura y sus primeros rechazos humillantes. Tres veces he tenido que inclinarme ante ese poderoso capaz de esclavos. Luego me obligó a esperar unos días. Por fin aquí está la carta. Es propio de lo que es. Y casi no me atrevo a decírtelo a Ti: - excede Tus extremos -, porque él no es digno de Tenerte. Pero no hay otro camino. Acepté en Tu nombre y me inscribí. Si hice las cosas mal, repréndeme. Pero créeme: Traté de Servirte, así que pude. Ayer, un discípulo Tuyo de Judea vino, indicando que él vino en Tu nombre para saber si había alguna noticia que deba Darte. Dijo que era Judas Iscariote. Pero preferí esperar a Isaac para enviarte la carta a Ti. Y me sorprendió de que Tú hayas enviado a otra persona ya que sabías que Isaac venía aquí cada sábado para descansar. No tengo nada más que Decirte. Sólo, besando Tus santos pies, Te ruego que lleves a Tu siervo y amigo Lázaro, según lo prometido por Ti. Salud a Simón. Para Ti, Maestro y Amigo, un beso de paz y una oración para la bendición. Lázaro.'

Y ahora el otro: "Salud para Lázaro. Decidí. Tú tendrás a Jonás por el doble del monto. Pero yo hago los siguientes términos y no voy a cambiarlos por ningún motivo. Quiero que Jonás termine las cosechas del año, es decir, que las entregará a la luna de Tishri, al final de la luna. Quiero que Jesús de Nazaret venga personalmente a llevarlo, y voy a Pedirle que entre a mi casa, para que yo pueda Conocerlo. Quiero el pago inmediatamente después de la firma del contrato.

Adiós. Doras".

'¡Qué plaga!', grita Pedro. 'Pero, ¿quién está pagando? Me pregunto lo mucho que quiere y nosotros... estamos siempre sin un céntimo!.'

'Simón está pagando. Para hacernos felices a Mí y al pobre Jonás. Él está comprando sólo los restos de un hombre, que no le servirá para nada. Pero él gana gran mérito en el Cielo.'

'¿Tú? ¡Oh!' Todos ellos están sorprendidos. Incluso los hijos de Alfeo olvidan su tristeza a causa de su asombro. 'Es él. Es solo eso lo que hay que saber.'

'También sería justo si se supiera por qué Judas Iscariote fue con Lázaro. ¿Quién lo envió? ¿Tú?.'

Pero Jesús, muy serio y pensativo, no le responde a

Pedro. Él sale de Su meditación sólo para decir: 'Dame
un poco de refresco para José y luego vayamos a
descansar. Voy a preparar una respuesta para Lázaro ...
¿Está Isaac todavía en Nazaret?.'
'Él me está esperando.'
'Vamos todos.'
'No. Tu Madre dice ... 'Todos ellos están en una total
confusión.'
'Silencio. Eso es lo que quiero. Mi Madre habla con
Su corazón lleno de amor. Yo juzgo a con Mi razón. Yo
prefiero hacerlo mientras Judas no está. Y quiero tener
una mano amiga de mis primos, Simón y José, y hacer
el duelo con ellos antes de que haya terminado. Luego,
volveremos a Cafarnaúm, a Genesaret, que está en el
lago, a la espera del final del mes de Tishri. Y tomaremos
a las Marías con nosotros. Tu madre necesita afecto.
Vamos a dárselo. Y La Mía necesita paz. Yo soy Su paz.'
'¿Crees Tú que en Nazaret...?', pregunta Pedro.
'No creo que nada.'
'¡Oh! Bueno! Porque si La dañaran o causaran dolor!
... ¡Tendrán que vérselas conmigo!', dice Pedro
completamente trastornado.
Jesús lo acaricia, pero Él está triste y perdido en Sus
pensamientos. Entonces Él va entre Judas y Santiago y
se sienta, los abraza y los consuela. Los otros hablan en
voz baja para no molestar a su dolor.

Jesús En La Casa De Doras. La Muerte De Jonás

Es un día nublado de Noviembre, el siguiente de una
de las primeras lluvias de los tristes meses de invierno
en la llanura de Esdrelón. La lluvia de la noche anterior
ha dejado la tierra húmeda pero no embarrada. Hay un
viento húmedo saturado de humedad, que sopla lejos las
hojas amarillas y penetra hasta los huesos.
Una yunta de bueyes que aran los campos convierten
laboriosamente los ricos suelos pesados de la planicie,
preparándolos para sembrar. En algunos campos, hay
hombres que trabajan como bueyes, empujando el arado
con toda la fuerza de sus brazos y pechos, presionando
sus pies en el suelo ya transformado, trabajando como
esclavos en este trabajo que es muy difícil también para
los toros robustos.
Jesús mira y advierte y Su cara se vuelve muy triste
como para llorar. Los pastores ya no están aquí y Judas
sigue estando ausente, pero los once discípulos hablan
entre sí:
'También un barco es pequeño, pobre y laborioso...',
dice Pedro. '¡Pero es cien veces mejor que este trabajo de
animal de carga!. ¿Son tal vez los sirvientes de Doras?' Él
pregunta.

'No lo creo: sus campos están más allá de ese huerto, creo. Y no podemos verlos todavía', responde Simón Zelote.

Pero Pedro, siempre curioso, sale de la carretera y camina a lo largo de un seto entre dos campos en los que cuatro campesinos delgados, húmedos de sudor y jadeando de cansancio, se sientan por un momento en sus bordes.

'¿Sois vosotros los hombres de Doras?', Pedro les pregunta.

'No, pero pertenecemos a su pariente, a Johanán. ¿Y quién eres tú?'

'Yo soy Simón de Jonás, un pescador de Galilea hasta que la luna de Civ. Ahora soy Pedro de Jesús de Nazaret, el Mesías del Evangelio. Pedro dice con el respeto y la gloria con la que uno podría decir: 'Yo pertenezco al divino gran César de Roma' y mucho más, también y su cara honesta brilla con alegría que profesan en sí mismo a Jesús.

'¡Oh! ¡el Mesías! ¿Dónde, dónde está Él?', Preguntan los cuatro hombres infelices.

'Aquél que está allí. La única cabeza clara alta, vestido de rojo oscuro. Aquél que está ahora buscando aquí y está sonriendo a la espera de mí.'

'¡Oh! ... Si fuéramos allí ... ¿Él nos echaría?

'¿Echarlos? ¿Por qué? Él es el amigo de los infelices, los pobres, los oprimidos y creo que ... sí, vosotros sois sólo eso ...'

'¡Oh! ¡Somos de verdad! Pero no como los hombres de Doras. Por lo menos tenemos tanto pan como nosotros queremos y no estamos amarrados a menos que dejemos de trabajar, pero ...'

'Así que, la multa del amo Johanán de encontrarte aquí hablando, él ...'

'Él nos azotaría más de lo que sería arremeter sus perros...'

Peter silba significativamente. Luego dice: 'Bueno, es mejor si lo hacemos...' y poniendo las manos a la boca él llama en voz alta: 'Señor. Ven acá. Hay algunos corazones que sufren y Te quieren a Ti.'

'Pero, ¿qué estás diciendo? ¡¿Que Él venga aquí?! ¡Pero somos siervos innobles! 'Los cuatro hombres están aterrorizados ante tal audacia.

'Pero los latigazos no son agradables. Y si esa multa del fariseo surgiera, no me gustaría tener una cuota para mí mismo...', dice Pedro, riendo y con su gran mano que sacude al más aterrorizado de los cuatro hombres. Jesús con su larga zancada está a punto de llegar. Los cuatro hombres no saben qué hacer. A ellos les gustaría correr y encontrarse con Él, pero están paralizados con respeto; pobres seres completamente asustados por la maldad humana, caen de bruces, adorando al Mesías que está viniendo hacia ellos.

'Paz a todos los que Me desean. ¿Quién Me quiere, desea el bien y yo lo quiero como amigo. Levantaos. ¿Quiénes sois vosotros?'

Pero los cuatro apenas levantan la cara de la tierra y permanecen de rodillas y tranquilos.

'Se trata de cuatro sirvientes del fariseo Johanán, un pariente de Doras', explica Pedro. 'A ellos les gustaría hablar Contigo, pero si él viene, habrá una andanada de golpes, es por eso que te dije: Ven.' Levantaos, muchachos. ¡Él no os comerá! Tened fe. Basta pensar que Él es vuestro amigo.'

'Nosotros ... nosotros sabemos acerca de Ti ... Jonás nos dijo ...'

'He venido por él. Yo sé que él Me anunció. ¿Qué sabéis vosotros sobre Mí?'

'Que Tú eres el Mesías. Que él Te vio como bebé. Que los ángeles cantaron la paz para la gente buena con Tu venida, que Tú fuiste perseguido ... que Tú fuiste salvado y que ahora Tú has estado buscando por Tus pastores y ... Tú los amas. Estas son las últimas cosas que él nos dijo ahora. Y pensamos: si Él es tan bueno como para buscar algunos pastores y amarlos, Él sería ciertamente también amable con nosotros... Necesitamos mucho a alguien que nos puede amar ...'

'Os amo. ¿Sufrís mucho?'

'¡Oh! ... Pero los hombres de Doras aún más. Si Johanán nos encuentra hablando aquí ... Pero hoy él está en Gerghesa. Él aún no ha regresado de la Fiesta de los Tabernáculos. Pero su mayordomo de esta noche nos va a dar la comida después de medir el trabajo que hemos hecho. Pero eso no importa. No descansaremos por nuestra comida a la sexta hora y compensaremos este tiempo.'

'Dime, amigo, ¿serías capaz de trabajar ese implemento? ¿Es una tarea difícil? Pregunta Pedro.

'No, no es difícil. Pero es un trabajo duro. Se necesita una gran cantidad de fuerza.'

'Tengo eso. Muéstreme. Si tengo éxito, tú puede hablar y jugaré al buey. Tú, Juan, Andrés y Santiago, venid para la lección. Abandonaremos pescados para los gusanos de la tierra. ¡Venid! 'Pedro pone sus manos sobre la barra transversal de la viga. Hay dos hombres en cada arado, una a cada lado de la larga viga. Él mira e imita todos los gestos de los campesinos. Fuerte como es él y descansado, trabaja bien y el hombre le alaba.

'Yo soy un maestro en el arado felizmente', exclama el buen Pedro. '¡Vamos, Juan! Ven acá. Un buey y un ternero en cada arado. Santiago y el ternero mudo de mi hermano en el otro. ¡Muy bien! ¡Tirad! 'Y los dos arados proceden lado a lado girando el suelo y cortando surcos en el largo campo al extremo del cual dan la vuelta y cortan un surco fresco. Parecen haber trabajado como agricultores durante toda su vida.

'¡Qué buenos que son Tus amigos!', Dice el más audaz de los sirvientes de Johanán. '¿Los has hecho Tú así?'

'He guiado su bondad como tú lo haces con tijeras de la podadora. La bondad ya estaba en ellos. Ahora florece bien porque hay Quién se encarga de ello.'

'Ellos también son humildes. Son Tus amigos y, sin embargo, nos están sirviendo, pobres siervos, así!'

'Sólo aquellos que aman la humildad, la mansedumbre, la continencia, la honestidad y el amor, el amor por encima de todo, se puede quedar Conmigo. 'Porque quien ama a Dios y a su prójimo, posee, en consecuencia, todas las virtudes y las ganancias de los Cielos.'

'¿Seremos capaces de obtener, también, nosotros, que no tenemos tiempo para orar, para ir al Templo, ni siquiera levantar la cabeza fuera de los surcos?'

'Dime: ¿odias a aquel que te trata tan hostilmente? ¿Hay en ti rebelión y reproche a Dios por ponerte entre los más bajos de la tierra?'

'¡Oh! ¡no, Maestro! Es nuestro destino. Pero cuando estamos cansados nos lanzamos sobre nuestros palets, decimos: 'Bueno, el Dios de Abraham sabe que estamos tan cansados que no somos capaces de decir más que:

¡Bendito sea el Señor!', y también decimos: 'también hoy hemos vivido sin pecar' ... Ya sabes ... podríamos también un poco de trampa y comer una fruta con nuestro pan, o verter un poco de aceite sobre las verduras cocidas. Pero el amo dijo: 'El pan y las verduras son suficientes para los sirvientes. Y al tiempo de la cosecha un poco de vinagre en el agua para saciar vuestra sed y daros fuerza. 'Y lo hacemos. Después de todo... podríamos estar peor.' 'Y yo os digo que el Dios de Abraham le sonríe a sus corazones, mientras Él se vuelve un rostro severo con los que insultan al Templo con falsas oraciones, mientras que ellos no aman a sus semejantes.'
'¡Oh! ¡pero les encanta la gente como ellos mismos! Al menos... parece que si lo hacen porque se respetan unos a otros con regalos y arcos. Para nosotros es como que no tienen amor. Pero nosotros somos diferentes a ellos y esto es justo.'
'No, no es justo en el Reino de Mi Padre. Pero diferente será la manera de juzgar. No los ricos y los poderosos, como tales, recibirán honores. Sólo aquellos que siempre han amado a Dios, amarlo por encima de sí mismos y por encima de todo lo demás, como el dinero, el poder, las mujeres, una mesa bien servida; y amando a sus semejantes, es decir, a todos los hombres, ricos y pobres, conocidos y desconocidos, educados y sin cultura, buenos y malos. Sí, debéis amar también a la gente mala. No a causa de su maldad, sino por compasión a sus almas, las que hieren a la muerte. Hay que amarlos implorando al Padre Celestial para curarlos y redimirlos. En el Reino de los Cielos aquellos que han honrado al Señor serán bendecidos con la verdad y la justicia, los que aman a sus padres y familiares por respeto; los

que no han robado nada de ninguna manera, es decir,
que se han dado y exigido lo que es justo, también en
el trabajo de los sirvientes; aquellos que no han matado
ninguna reputación o criatura y no han querido matar,
aún cuando el comportamiento de otras personas es
tan cruel como para excitar corazones al desprecio y la
rebelión; aquellos que no han jurado al prójimo falsedad
perjudicial y la verdad; aquellos que no han cometido
adulterio o cualquier pecado carnal; aquellos, que siendo
leves y resignados, siempre han aceptado su suerte
sin envidiar a otros. De ellos es el Reino de los Cielos,
también un mendigo puede ser un rey feliz allí arriba,
mientras que un Tetrarca, con todo su poder, será
menos que nada, es más, más que nada: él será presa de
Mamón, si ha pecado contra la ley eterna del Decálogo.'
Los hombres Lo escuchan abiertamente. Cerca de Jesús
está Bartolomé, Mateo, Simón, Felipe, Tomás, Santiago y
Judas de Alfeo. Los otros cuatro continúan trabajando,
sus caras rojas y calurosas, pero alegres. Pedro es más
que suficiente para mantenerlos a todos felices.
'¡Oh! Cuánta razón Jonás estuvo Llamándote: "¡Santo!"
Todo es santo en Ti: Tus palabras, Tu mirada, Tu
sonrisa. Nunca nos hemos sentido así nuestras almas...!'
'¿No has visto a Jonás por un largo tiempo?'
'Desde que ha estado enfermo.'
'¿Enfermo?'
'Sí, Maestro. Él no puede aguantar más. Él ya se estaba
arrastrando antes. Pero después de los trabajos de
verano y la cosecha no es capaz de ponerse de pie. Y sin
embargo... le hace trabajar... ¡Oh! Tú dices que debemos
amar a todos. ¡Pero es muy difícil amar a las hienas! ¡Y
Doras es peor que una hiena! '

'Jonás lo ama...'

'Sí, Maestro. Y digo que es un santo, como los que han sido martirizados por su lealtad al Señor Nuestro Dios.'

'Has dicho la verdad. ¿Cuál es tu nombre?'

'Mica, y este es Saúl, y éste es Jowehel, y este es Isaías.'

'Voy a mencionarle sus nombres al Padre. ¿Y tú decías que Jonás está muy enfermo?'

'Sí, tan pronto como termina su trabajo se arroja sobre la paja y no lo veo. Los otros agentes de Doras nos lo dicen.'

'¿Estará trabajando él ahora?'

'Sí, si es capaz de ponerse de pie. Él debe estar más allá de eso huerto de manzanas.

'¿La cosecha de Doras fue buena?'

'Sí, fue famosa en todo el área. Las plantas tuvieron que ser apuntaladas debido al tamaño de la fruta milagrosa, y Doras tenía que tener nuevas tinas hechas porque había muchas uvas que las usuales no podían contenerlas.'

'¡Doras debe haber recompensado a su sirviente!'

'¡Recompensa! ¡Oh! Señor, sabes poco de él!'

'Pero Jonás Me contó que hace años Doras le azotó a muerte por la pérdida de unos pocos racimos y que se convirtió en un esclavo a través de la deuda, ya que su amo le culpó por la pérdida de unos pocos cultivos. Dado que este año tuvo una abundancia milagrosa, él debería haberle dado un premio.'

'No. Él le azotó salvajemente, acusándolo de no tener la misma abundancia en los últimos años debido a que no había tomado el debido cuidado de la tierra.'

'¡Pero ese hombre es una bestia!', exclama Mateo.

'No, él no tiene alma', dice Jesús. 'Os dejo, Mis hijos, con una bendición. ¿Tenéis pan y comida para hoy?'

'Tenemos este pan' y ellos le muestran una barra oscura
que sacan de un saco en el suelo.

'Tomad Mi comida. No tengo más que esto. Pero Me estoy
alojando en la casa de Doras hoy y...'

'¿Tú en la casa de Doras?'

'Sí. Para rescatar a Jonás. ¿No sabíais?'

'Nadie sabe nada aquí. Pero... desconfía de él, Maestro.
Eres como un cordero en la guarida del lobo.'

'No será capaz de Hacerme ningún daño. Llevad mi
comida. Santiago, dales lo que tenemos. También su
vino. Debéis alegraros un poco, también, Mis pobres
amigos. Tanto sus almas como sus cuerpos. ¡Pedro!
Vamos.'

'Voy, Maestro, sólo hay este surco para cortar. 'Luego él
corre hacia Jesús, con el rostro dibujado con la fatiga.
Se seca con el manto que había desplegado, lo pone
de nuevo y se ríe alegremente. Los cuatro hombres no
pueden agradecerle lo suficiente.

'¿Vas a pasar por aquí de nuevo, Maestro?'

'Sí. Esperadme. Le dirás adiós a Jonás. ¿Puedes Tú hacer
eso?'

'¡Oh! Sí. El campo debe ser arado por la noche. Más
de dos tercios se han hecho. Tan bien y rápidamente.
¡Tus amigos son fuertes! Que Dios Te bendiga. Hoy para
nosotros es una fiesta mayor que la Pascua. ¡Oh! ¡Que
Dios los bendiga a todos!'

Jesús se dirige directamente al huerto de manzanas.
Ellos lo cruzan y llegan a los campos de Doras donde
otros campesinos se encuentran en los arados o están
doblados hacia abajo quitando todas las malas hierbas
sueltas de los surcos. Pero Jonás no está allí. Los
hombres reconocen a Jesús y Le saludan sin salir de su

trabajo.

'¿Dónde está Jonás?'

'Luego de dos horas se cayó en el surco y se lo han llevado a casa. Pobre Jonás. Él no tendrá que sufrir mucho. Él se acerca a su fin. Nunca podremos tener un mejor amigo.'

'Me tienes en la tierra y él en el seno de Abraham. El amor muerto viviente con un doble amor: el propio y el amor que se obtiene al estar con Dios, por lo tanto, un amor perfecto.'

'¡Oh! Ve con él de inmediato. ¡Para que Tú veas su sufrimiento!', Jesús bendice y se va.

'¿Qué vas a hacer Tú ahora? ¿Qué vas a decirle a Doras?', preguntan los discípulos.

'Iré como si Yo no supiera nada. Si él ve que está cumpliendo de manera justa y honestamente, puede ser despiadado hacia Jonás y los criados.'

'Tu amigo tiene razón; él es un chacal', le dice Pedro a Simón.

'Lázaro habla nada más que la verdad y él no es un calumniador. Irás a su encuentro y te gustará', responde Simón.

Ellos ven la casa del fariseo; una casa de campo grande, baja, pero bien construida, en medio de un huerto ahora infructuoso. Pedro y Simón van por delante de advertir.

Doras sale. Él es el hombre viejo con el perfil duro de una persona depredadora, con ojos irónicos y la boca de una serpiente retorciéndose una sonrisa falsa con una barba más blanca que negra.

'Salve, Jesús', saluda de manera informal y con condescendencia obvia.

'Que tu salutación vuelva a ti', responde Jesús. No dice:

"Paz".

'Entra. Mi casa Te recibe. Tú has sido tan puntual como un rey.'

'Como una persona honesta', responde Jesús.

Doras ríe como si fuera una broma.

Jesús se vuelve y le dice a Sus discípulos, que no habían sido invitados: "Entrad. Ellos son Mis amigos".

'Que entren... ¿pero no es ese hombre especial, el hijo de Alfeo?'

'Este es Mateo, el discípulo de Cristo', dice Jesús en un tono que el otro entiende y le da una risa más forzada que la anterior.

En el interior, la casa es suntuosamente rica y cómoda, pero helada. Los sirvientes parecen esclavos siempre con el miedo al castigo y caminan con los hombros doblados, robando rápidamente; uno siente que la casa está dominada por frialdad y odio.

A le Doras gustaría aplastar al "pobre" Maestro galileo bajo la riqueza de su casa, que es suntuosa en su interior. Suntuosa y helada. Pero Jesús no puede ni ser aplastado por una muestra de la riqueza ni por un recordatorio de la riqueza y los familiares y Doras, que entiende la indiferencia del Maestro, Lo lleva a su jardín con árboles frutales, donde se le muestra las plantas raras y le ofrece sus frutos de uno, que los sirvientes llevan en bandejas de oro y copas. Jesús disfruta y alaba la deliciosa fruta; hermosos melocotones en parte en su estado natural y en parte conservados en un jarabe de alcohol, y las peras de un tamaño poco común.

Yo soy el único que las tiene en Palestina y no creo que haya algún otro en toda la península. Envié por ellos a Persia e incluso más lejos. La caravana me cuesta tanto

como un talento. Pero ni siquiera los Tetrarcas tienen
tales frutos. Tal vez ni siquiera César los tenga. Cuento
con todos los frutos y quiero sus piedras. Y las peras sólo
se comen en mi mesa porque no quiero que ni siquiera
una semilla sea quitada. Envié algunas a Anás, pero sólo
los cocinados de manera que sean estériles.
'Pero son las plantas de Dios. Y todos los hombres son
iguales.'
'¿Igualdad? ¡No! Yo igual a ... a Tus galileos?'
'Las almas vienen de Dios y Él las creó iguales.'
'Pero yo soy Doras, ¡el fariseo fiel! ...' dice Doras, mirando
tan orgulloso como un pavo real. Así que mucho más
alto que Doras, Jesús se eleva sobre él, majestuoso en
su túnica morada, cerca del pequeño fariseo, ligeramente
doblado, arrugado, en una prenda sorprendentemente
amplia y rica en flecos.
Después de admirarse a sí mismo por algún tiempo,
Doras exclama: 'Jesús, ¿por qué Tú envías a Lázaro, el
hermano de una prostituta, a la casa de Dora, el fariseo
puro? ¿Es Lázaro Tu amigo? No debes hacer eso. ¿No
sabes que él es anatematizado porque su hermana María
es una prostituta?
'Ya lo sé, pero Lázaro y sus obras son honestas.'
'Pero el mundo recuerda el pecado de esa casa y ve que
sus manchas se extienden entre sus amigos... No vayas
allí. ¿Por qué no eres Tú fariseo? Si Tú deseas... Yo soy
influyente ... Te habría aceptado, aunque Tú eres galileo.
Puedo hacer cualquier cosa en el Sanedrín. Anás está en
mis manos como el borde de mi manto.
'La gente tendría más miedo de Ti.'
'Yo sólo quiero ser amado.'
'Te amaré. Tú puedes ver que ya Te amo porque estoy

cediendo a Tu deseo y Te estoy dando Jonás.'
'Yo pagué por él.'
'Es verdad, y me sorprende que Tú puedas permitirte el
lujo de pagar tanto.'
'Yo no. Un amigo pagó por Mí.'
'Bueno, bueno. Yo no soy curioso. Yo digo: Ya ves que Te
quiero y quiero hacerte feliz. Tú tendrás a Jonás después
de la cena. Sólo es necesario que haga este sacrificio...' y
ríe con su risa cruel.
Jesús, con los brazos cruzados sobre el pecho,
dardos más y más severas miradas a Doras mientras
permanecen en el huerto a la espera de la hora de comer.
'Pero Tú debes hacerme feliz. Una alegría por un gozo.
Te estoy dando a mi mejor sirviente. Por tanto, me
estoy privándome de algo útil para el futuro. Este año
Tu bendición-Yo sé que Tú estabas aquí a principios
de verano-, me has dado los cultivos que han hecho de
mi granja famosa. Ahora bendice a mis vacas y a mis
campos. El año que viene no voy a lamentar la pérdida
de Jonás... y mientras tanto voy a encontrar a alguien
como él. Ven a bendecir. Dame la alegría de ser celebrado
por toda Palestina y de tener buenas cosechas y graneros
llenos de todo tipo de cosas buenas. 'Ven', y, abrumado
por fiebre del oro, él agarra a Jesús y trata de arrastrarlo.
Pero Jesús se resiste. '¿Dónde está Jonás?', pregunta
seriamente.
'Dónde están arando. Él quería hacer eso también para
su buen señor. Pero antes de terminar la comida él
vendrá. Mientras tanto, ven y bendecir a los rebaños, los
campos, los huertos, los viñedos, los molinos de aceite.
Bendice todo. ¡Oh! Cuán fructífero será el próximo año!
Ven entonces.'

'¿Dónde está Jonás?', pregunta Jesús con una voz de trueno más fuerte.

'¡Te lo dije! Dónde están arando. Él es el primer servidor y no trabaja: Él está a la cabeza de los hombres.'

'¡Mentiroso!'

'¿Yo? ¡Te lo juro por Jehová!'

'¡Perjuro!'

'¿Yo? ¿Yo perjuro? ¡Yo soy el más fiel creyente! ¡Cuidado con lo que Tú hablas!

'¡Asesino!', Jesús ha elevado Su voz cada vez más fuerte y esta última palabra suena como un trueno. Sus discípulos se acercan a Él, los sirvientes pían al aire asustados. El rostro de Jesús es insoportable en Su severidad y rayos fosforescentes parecen emanar de Sus ojos.

Por un momento, Doras se asusta y se contrae; un bulto de tela fina cerca de la persona alta que es Jesús, vestido con una túnica de lana de color rojo oscuro. Entonces el orgullo de Doras prevalece y grita con una voz chillona como la de un zorro:

'Sólo soy yo quien da órdenes en mi casa. ¡Fuera, galileo vil!'

'Voy a salir después de que yo te maldiga, tus campos, rebaños y viñedos para este año y los años venideros.'

'¡No, no lo hagas! Sí. Es cierto. Jonás está enfermo. Pero él está siendo atendido. Él está bien cuidado. Retira Tu maldición.'

'¿Dónde está Jonás? Deja que un criado Me conduzca hacia él de inmediato. Yo pagué por él; y ya que es una pieza de mercancía, una máquina para ti, yo le considero como tal; y desde que lo compré, lo quiero.'

Doras saca un silbato de oro de su pecho y sopla tres

veces. Un grupo de sirvientes, tanto de la casa como de los campos, surgen de todas partes y se presentan ante el temido maestro, haciendo una reverencia tan profunda, que parece que están arrastrándose.

'Traigan a Jonás ante Él y entréguenselo.... ¿A dónde vas Tú?'

Jesús no responde, sino que sigue a los sirvientes que se han apresurado más allá del jardín hacia los agujeros inmundos que son las viviendas de los campesinos pobres.

Entran casucha de Jonás, donde Jonás, ahora sólo piel y huesos y jadeando a causa de una temperatura alta, yace medio desnudo en una estera de caña con sólo una prenda remendada para un colchón y un manto más desgastado como manta, siendo cuidado por María, la esposa de su amigo, la misma María que le había amamantado cuando Doras le había azotado hasta casi la muerte.

'¡Jonás! ¡Mi amigo! ¡He venido a llevarte!'

'¿Tú? ¡Mi Señor! Me estoy muriendo... pero estoy feliz de tenerte aquí!'

'Mi fiel amigo, que ahora estás libre y no vas a morir aquí. Te llevo a mi casa.'

'¿Libre? ¿Por qué? ¿Para Tu casa? ¡Oh! Sí. Me hiciste prometer que iba a ver a Tu madre.'

Jesús se inclina con amor sobre el camastro del infeliz hombre y Jonás, causa de su alegría, parece revivir.

'Pedro, tú eres fuerte. Levanta a Jonás. Y vosotros, daos sus mantos. Esta cama es muy difícil para una persona en su estado.'

Los discípulos se quitan sus mantos de inmediato, los doblan varias veces y las ponen sobre el tapete, con algunos como una almohada. Pedro descarga su carga de huesos y Jesús se lo cubre con Su propio manto.

'Pedro, ¿tienes algo de dinero?'

'Sí, Maestro, tengo cuarenta monedas.'

'Bien. Vamos. Anímate, Jonás. Un poco más de problemas y entonces habrá mucha paz en Mi casa, cerca de María...'

'María... sí ... ¡oh! ! ¡Tu casa!' Y en su extrema debilidad pobre Jonás la única cosa que puede hacer es llorar.

'Adiós, mujer. El Señor te bendecirá por tu misericordia.'

'Adiós, Señor. Adiós, Jonás. Ruega por mí', dice la joven, llorando.

Doras aparece cuando llegan a la puerta y asustado, Jonás se cubre la cara. Pero Jesús le pone una mano en la cabeza y se va a su lado, más duro que un juez. La procesión infeliz sale al patio rústico y toma el camino de la huerta.

'¡Esa cama es mía! ¡Te vendí a ti sirviente, no la cama!.

Jesús arroja la bolsa a sus pies sin decir una palabra. Doras toma la bolsa y la vacía. '¡Cuarenta y cinco monedas de dos dracmas. Es demasiado poco!'

Jesús mira al torturador repugnante avaro de arriba y hacia abajo, pero no da ninguna respuesta.

'¡Al menos dime que Tú estás retirando el anatema!'

Pero con una mirada y unas pocas palabras, Jesús le aplasta una vez más; 'Te encomiendo a Dios de Sinaí' y pasa junto, en posición vertical, al lado de la litera rústica, que Pedro y Andrés están llevando con cautela. Cuando Doras ve que todo no es para nada bueno, que el castigo es cierto, él grita: '¡Nos reuniremos de nuevo, Jesús! ¡Voy a Tenerte en mis garras de nuevo! Voy a luchar Contigo a muerte. Tú puedes tomar al hombre desgastado. Yo ya no lo necesito. Voy a ahorrarme el dinero de su entierro. ¡Vete, vete lejos, maldito Satanás! ¡Pondré todo el Sanedrín en Tu contra. ¡Satanás! ¡Satanás!'

Jesús finge que no oye, pero los discípulos están consternados. Asisten sólo a Jonás, Jesús busca los caminos más suaves y los más protegidos hasta que llegan a un cruce de caminos cerca del campo de Jonatán.

Los cuatro campesinos corren a decirle adiós a su amigo que se está yendo y a Jesús Quien los bendice.

Pero el camino de Esdraelón a Nazaret es largo y su velocidad es lenta debido a su carga penosa. A lo largo de la carretera principal, no hay carros ni carretas y proceden en silencio, con Jonás aparentemente dormido, pero también se aferra a la mano de Jesús.

Al caer la noche, todo comienza y un carro militar romano cubierto con dos o tres soldados, se pone al día con ellos.

'En el nombre de Dios, deteneos', dice Jesús levantando Su brazo.

Los soldados se detienen y un pomposo suboficial mira fijamente debajo de la cubierta.

'¿Qué quieres Tú?', él Le pregunta a Jesús.

'Tengo un amigo moribundo. Te pido que lo lleves en la carreta.'

'No se nos permite... pero... lo llevamos. No somos perros tampoco.'

Levantan la litera en el vagón.

'¿Tu amigo? ¿Quién eres Tú?'

'El Rabino Jesús de Nazaret.'

'¿Tú? ¡Oh! ... 'El suboficial lo mira con curiosidad.'

'Si se trata de Ti, entonces... suban tantos como puedan. Pero no dejes que nadie te vea... Es una orden... pero por encima de las órdenes también existe la humanidad, ¿no está allí? Tú eres bueno, lo sé. ¡Eh! Nosotros los soldados sabemos todo... ¿Cómo puedo saber? Incluso las piedras hablan bien o mal y tenemos oídos para escuchar las con el fin de servir a César. Tú no eres un falso Cristo como los otros delante de Ti, que eran agitadores y rebeldes. Tú eres bueno. Roma lo sabe. Este hombre... está muy enfermo.'

'Es por eso que le estoy llevado con Mi Madre.'

'¡Um! ¡Ella no le va a curar por mucho tiempo! Dale un poco de vino. Es en esa cantina. Aquila, azota a los caballos. Quinto, dame la ración de miel y mantequilla. Es mía. Le hará bien; él tiene tos y la miel le ayudará.'

'Tú eres bueno.'

'No. No soy tan malo como muchos. Y estoy feliz de Tenerte aquí conmigo. Recuerda Publio Quintiliano de la legión Itálica. Me quedo en Cesárea. Pero ahora voy a Ptolemais. Orden de Inspección.'

'Tú no eres Mi enemigo.'

'¿Yo? Yo soy un enemigo de la gente mala. Nunca de la gente buena. Y me gustaría ser bueno, también. Dime: ¿Qué doctrina predicas para nosotros, los militares?'

'La doctrina es una sola para todos. Justicia, honestidad, continencia, compasión. Hay que cumplir con el deber sin abusos. También en las duras necesidades del ejército, hay que ser humano. Y uno debe esforzarse por conocer la Verdad, es decir; Dios, uno y eterno, sin el cual el conocimiento de cada acción es privado de la gracia y en consecuencia de la recompensa eterna.'

'Pero cuando me muera, ¿qué voy a hacer con el bien que

114

he hecho?'

'¿Quién viene al verdadero Dios encontrará con que el bien en la otra vida.'

'¿Voy a nacer de nuevo? ¿Voy a ser un tribuno o incluso un emperador?'

'No. Tú serás como Dios, uniéndose a Su beatitud eterna en el Cielo.'

'¿Qué? ¿Yo en el Olimpo? ¿Entre los dioses? '

'No hay dioses. Sólo el Dios verdadero. El Único que Yo predico. El Único que te Escucha y toma nota de tu bondad y tu deseo de conocer el Bien.'

'¡Me gusta eso! Yo no sabía que Dios podía estar preocupado por un pobre soldado pagano.'

'Él te creó, Publio. Por lo tanto, Él te ama y quiere que estés con Él.'

'¡Eh! ... ¿Por qué no? Pero... nunca nadie nos habla de Dios.'

'Vendré a Cesárea y oirás de mí.'

'¡Oh! Sí. Vendré a Escucharte. En Nazaret. Me gustaría Servirte además. Pero si me ven...'

'Voy a bajar y te bendeciré por tu bondad.'

'¡Salve, Maestro!'

'Que el Señor Se muestre ante vosotros, soldados. Adiós.' Ellos se bajan y reanudan su caminata.

'En poco tiempo tú podrás descansar, Jonás', dice Jesús alentadoramente.

Jonás sonríe. Al caer la noche, él parece más tranquilo y más tranquilo ahora que está seguro de que está lejos de Doras. Juan y su hermano se adelantan para informarle a María. Cuando la pequeña procesión llega a Nazaret, ahora casi desierta en la noche, María ya está a la puerta en espera de Su Hijo.

'Madre, he aquí Jonás. Él está tomando refugio bajo Tu bondad para comenzar a disfrutar de su Paraíso. ¿Es usted feliz, Jonás?'

'¡Feliz! ¡Feliz!', susurra el hombre agotado como el que está en la gloria. Lo llevan a la pequeña habitación donde murió José.

'Tú estás en la cama de Mi padre. Y aquí está Mi Madre y Yo estoy aquí. ¿Ves? Nazaret se convierte en Belén y tú eres ahora el pequeño Jesús entre dos personas que te quieren. Y estos son los que te veneran como el siervo fiel. No se puede ver a los ángeles, pero ellos están agitando sus alas brillantes por encima de ti y cantan las palabras del salmo de Navidad...'

Jesús derrama toda Su bondad en el pobre Jonás que se está deteriorando de un segundo a otro. Él parece haber resistido hasta ahora con el fin de morir aquí... pero él es feliz. Él sonríe y trata de besar la mano de Jesús y de María, y quiere decir... pero su angustia interrumpe sus palabras. María lo consuela como una madre. Y repite: 'Sí... sí', con una sonrisa de felicidad en su rostro demacrado.

Los discípulos, de pie en el jardín de la cocina de entrada, callan y miran, profundamente conmovidos.

'Dios ha escuchado tu largo deseo. La Estrella de tu larga noche se está convirtiendo en la Estrella de tu Mañana eterna. Tú sabes su nombre', dice Jesús.

'¡Jesús, la Tuya! ¡Oh! ¡Jesús! Los ángeles... ¿Quién va a cantar el himno angelical para mí? Mi alma puede oírlo... pero también mis oídos desean escucharlo... ¿Quién?

... Para hacerme dormir feliz... ¡Estoy tan dormido! ¡Tanto trabajo que he hecho! Tantas lágrimas... Tantos insultos... Doras ... lo perdono ... pero yo no quiero oír su voz y lo oigo. Es como la voz de Satanás, cerca de mí, que estoy muriendo. ¿Quién va a cubrir esa voz para mí con las palabras que vinieron del cielo?'

Es María quien en el mismo tono que Su nana canta en voz baja: '¡Gloria a Dios en el Cielo más Alto y paz a los hombres aquí abajo', y Ella lo repite dos o tres veces porque Ella ve que Jonás se calma al oír eso.

'Doras no habla nada más', Jonás dice después de algún tiempo. 'Sólo los ángeles... era un Niño... en un pesebre ... entre un buey y un asno ... y era el Mesías ... y yo Lo adoraba ... y con Él estaba José y María ...' Su voz se desvanece en un breve gorgoteo y luego hay silencio.

'¡Paz en el Cielo para el hombre de buena voluntad!' Él está muerto. Nosotros lo enterraremos en nuestro pobre sepulcro. Él merece la espera de la resurrección de los muertos, cerca de Mi justo padre', dice Jesús, justo que María de Alfeo entra.

Jesús En La Casa De Lázaro. Marta Habla De La Magdalena

Se trata de la plaza del mercado en Jericó con sus árboles, vendedores gritando y en la esquina, está Zaqueo, el recaudador de impuestos, intenta sus extorsiones legales e ilegales; comerciando también con joyas y otros objetos de valor, que pesa y evalúa en el pago de los impuestos a cambio de otros bienes. Ahora es el turno de una mujer delgada que está completamente revestida con un enorme manto de color gris óxido y su rostro oculto bajo un lino amarillento tupido*, sólo la esbeltez de su figura se puede ver a pesar de la enorme capa grisácea que la envuelve. Pero lo poco que se puede ver de ella dice que es una mujer joven; sus pies, calzados con sofisticadas sandalias equipadas con tiras de cuero entrelazadas para que sólo sus dedos de los pies suaves y juveniles y parte de sus tobillos delgados y blancos sean visibles y la mano, que, por un momento, ella saca de debajo de la manta para entregar un brazalete y sin decir una palabra, toma el dinero sin objeciones y se da la vuelta para irse.

* Una fibra textil fina y tejido de lino

Detrás de ella, Judas Iscariote la observa detenidamente y cuando ella se prepara para irse, él le dice una palabra, pero ella no contesta, como si fuera muda, y acelera, en la masa de ropa.

'¿Quién es ella?' Judas le pregunta a Zaqueo.

'Yo no le pregunto a mis clientes sus nombres, sobre todo cuando son tan amables como ella.'

'Es joven, ¿verdad?'

'Aparentemente.'

'¿Está de Judea?'

'¿Quién sabe? El oro es amarillo en todos los países.'

'Enséñame ese brazalete.'

'¿Quieres comprarlo?'

'No'

'Bueno, nada que hacer entonces. ¿Qué piensas? ¿Eso empezará a hablar en su lugar?'

'Quería ver si podía averiguar quién es ella...'

¿Estás tan interesado? ¿Eres un nigromante que adivina, o un sabueso de los olores? Vete, olvídala. Si es así, ella es bien honesta e infeliz o ella es una leprosa. 'Por lo tanto... nada que hacer.'

'Yo no estoy deseando una mujer', Judas responde con desprecio.

'Puede ser... pero por el aspecto de tu cara me cuesta creerlo. Bueno, si no quieres nada más, por favor, un paso al costado. Tengo otras personas que atender.'

Judas se aleja enfadado y le pregunta a un vendedor de pan y un vendedor de frutas si conocen a la mujer que acababa de comprar un poco de pan y manzanas de ellos, y si saben dónde vive.

'Ella ha estado viniendo aquí desde hace algún tiempo, cada dos o tres días. Pero no sabemos dónde vive', Dicen.

'Pero, ¿cómo habla?', Insiste Judas. Los dos se ríen y responden: 'Con la lengua.'

Judas les insulta y se va ... y se encuentra con el grupo de Jesús y Sus discípulos, que han venido a comprar un poco de pan y alimentos para su comida diaria. La sorpresa es recíproca y ... no es muy entusiasta. Jesús dice solamente: '¿Estás aquí?', dice Jesús, simplemente. Judas murmura algo, Pedro rompe en una carcajada y dice: 'He aquí, yo soy ciego y un descreído. No puedo ver los viñedos. Y yo no creo en el milagro...'

'¿Qué estás diciendo?' preguntan dos o tres discípulos.

'Yo estoy diciendo la verdad. No hay viñedos aquí. Y no puedo creer que Judas, en todo este polvo, pudo recoger uvas simplemente porque él es un discípulo del rabino.'

'La vendimia terminó hace mucho tiempo', responde Judas con dureza.

'Y Queriot está a muchos kilómetros de distancia', concluye Pedro.

'Tú me está atacando directamente. Tú eres hostil conmigo.'

'No, yo no soy tan tonto como crees.'

'Es suficiente ', Jesús manda, serio. Entonces Él se dirige a Judas: 'No esperaba verte aquí. Pensé que estarías en Jerusalén para la Fiesta de Tabernáculos.'

'Iré allí mañana. He estado esperando aquí a un amigo de la familia, que ...'

'Por favor, es suficiente.'

'¿Tú no me crees, Maestro? Lo juro ...'

'Yo no te pregunté nada y por favor, no digas nada. Tú estás aquí. Eso es suficiente. ¿Estás pensando en venir con nosotros o todavía tienes asuntos que atender? Contesta sinceramente.'

'No... he acabado. En cualquier caso, ese tipo no va a venir y voy a Jerusalén para la Fiesta. Y ¿a dónde vas Tú?'

'A Jerusalén.'

'¿Hoy?

'Estaré en Betania esta noche.'

'¿En la casa de Lázaro?'

'Sí, en lo de Lázaro.'

'Bueno, iré también.'

'Sí, vamos hasta Betania. Entonces Andrés, con Santiago de Zebedeo y Tomás irán a Getsemaní para hacer los preparativos y nos esperarán a todos nosotros y tú irás con ellos', dice Jesús, destacando las últimas palabras de manera que Judas no reaccione.

'¿Y qué hay de nosotros?', pregunta Pedro.

'Irás con Mis primos y Mateo donde voy a enviarte y volverás por la noche. Juan, Simón, Bartolomé y Felipe se quedarán conmigo, es decir, irán y anunciarán en Betania que el rabino ha venido y le hablarán a la gente en la novena hora.'

Ellos caminan rápidamente por el campo estéril, consciente de una tormenta inminente, no en el cielo claro sino en sus corazones y que avanzan en silencio.

La casa de Lázaro es una de las primeras casas a la llegada a Betania desde Jericó.

Cuando llegan a Betania, Jesús rechaza al grupo que irá a Jerusalén (Getsemaní). Luego envía al segundo grupo hacia Belén diciendo:

'Ved y no os preocupéis. A mitad de camino encontraréis a Isaac, Elías, y a los otros. Decidles que Yo estaré en Jerusalén durante muchos días y los esperaré para bendecirlos.'

Simón, mientras tanto, ha llamado a la puerta y la ha
abierto. Los sirvientes le informan a Lázaro, que viene
de inmediato. Judas Iscariote, que se había ido un par
de metros más adelante, vuelve con la excusa de decirle
a Jesús: 'Yo Te he disgustado, Maestro. Me doy cuenta
de ello. Perdóname', mientras que, al mismo tiempo,
a través de la puerta abierta, él echa miradas de reojo
sobre el jardín y en la casa.
'Sí. Está bien. Ve. No dejes a tus compañeros esperando.'
Judas se va.
'Tenía la esperanza de que hubiese un cambio en las
instrucciones', Pedro susurra.
'Nunca, Pedro. Yo sé lo que estoy haciendo. Pero tened
paciencia con el hombre...'
'Voy a tratar. Pero no puedo prometer... Adiós, Maestro.
Ven, Mateo y vosotros dos. 'Rápido.'
'Mi paz esté siempre con vosotros.'
Jesús se va con los cuatro restantes. Besa a Lázaro,
presenta a Juan, Felipe y Bartolomé y luego los despide y
queda solo con Lázaro.
Ellos van hacia la casa, donde, bajo el hermoso porche,
hay una mujer; Marta, es morena y alta, aunque no
tan alta como su hermana de color de rosada y rubia.
Pero ella es una joven mujer hermosa con un cuerpo,
equilibrado, regordete y bien formado, una pequeña
cabeza oscura con una frente lisa de color marrón. Sus
ojos oscuros, en forma alargada son amables y tan
suaves como el terciopelo, entre pestañas oscuras. Su
nariz se vuelve ligeramente hacia abajo y sus pequeños
labios muy rojos contra sus mejillas oscuras. Ella sonríe
mostrando fuertes dientes blancos como la nieve.
Su vestido de lana azul oscuro tiene rojo y verde oscuro

alrededor del cuello y en el extremo de las anchas mangas cortas, de las cuales salen otras dos mangas, de muy fino lino blanco, atadas y plisadas en las muñecas por un poco de cuerda.

Su muy fina blusa blanca muestra también en la parte superior de su pecho y alrededor de la parte inferior de su cuello donde se mantiene apretado por una cuerda. Una bufanda azul, roja y verde de tela fina que sirve como cinturón, atada alrededor de la parte superior de sus caderas y cuelga por su costado izquierdo en un penacho de flecos. Su vestido es rico y casto.

'Tengo una hermana, Maestro. Aquí está, Marta. Ella es buena y piadosa, el consuelo y el honor de la familia y la alegría del pobre Lázaro. Antes, ella era mi primera y única alegría. Ahora ella es la segunda, porque tú eres el primero.'

Marta se postra en el suelo y besa el dobladillo de la túnica de Jesús.

'Paz a la buena hermana y a la mujer casta. Levántate.'

Marta se levanta sobre sus pies y entra en la casa con Jesús y Lázaro. Entonces ella le pide permiso para asistir a la casa.

'Ella es mi paz ...' susurra Lázaro, mirando a Jesús, una mirada inquisitiva, pero Jesús hace como que no lo ve.

'¿Y Jonás?', Lázaro pregunta.

'Él está muerto.'

'¿Muerto? Entonces...'

'Yo lo vi cuando se estaba muriendo. Pero murió siendo un hombre libre y feliz en Mi casa, en Nazaret, entre Mi Madre y Yo.'

'¡Doras prácticamente lo mató por Ti antes de entregarlo!.'

'Sí, con la fatiga y también con golpes.'
'Él es un demonio y Te odia. Esa hiena odia a todo el
mundo ... ¿Acaso no Te dijo que Te odia?'
'Sí, lo dijo.'
'Desconfía de él, Jesús. Él es capaz de cualquier cosa,
Señor ... ¿qué Te dijo Doras? ¿Acaso no Te dije que me
esquives? ¿Acaso no puso al pobre Lázaro en una luz
vergonzosa?.'
'Creo que tú sabes sobre Mí lo suficiente como para
entender que Yo juzgo por Mí mismo y de acuerdo a la
justicia y que cuando Yo amo, amo sin considerar si tal
amor puede procurarme bien o mal de acuerdo con las
opiniones del mundo.'
'Pero que el hombre es cruel y él hiere y lastima
gravemente... Me atormentaba también hace unos días.
Él vino aquí y me dijo... ¡Oh! ¡Estoy tan enfadado ya! ¿Por
qué quiere llevarte también lejos de mí?'
'Yo soy el consuelo de aquellos que son atormentados y el
compañero de los que están desamparados. Yo he venido
a ti también para esto...'
'¡Ah! Entonces, ¿sabes? ... ¡Oh! ¡la culpa es mía!'
'No. ¿Por qué en ti? Lo sé. ¿Entonces qué? ¿Quieres
que te anatematice, quien está sufriendo? Yo soy la
Misericordia, la Paz, el Perdón, el Amor para todo el
mundo; y ¿qué Seré para aquellos que son inocentes? El
pecado por el cual se sufre no es tuyo. ¿Seré implacable
hacia ti si siento lástima también por ella? ... '
'¿La has visto Tú?'
'La he visto. No llores.'
Pero Lázaro, con la cabeza apoyada en los brazos
cruzados sobre la mesa, está llorando, sollozando
dolorosamente.

Marta aparece en la puerta y mira hacia adentro. Jesús inclina su cabeza en señal que se quede en silencio. Y Marta se va con grandes lágrimas en sus mejillas, en silencio.

Poco a poco, Lázaro se calma y se disculpa por su debilidad. Jesús le consuela y como Su amigo decide abandonarle por un momento, Él sale al jardín y camina entre los macizos de flores, donde algunas rosas púrpuras están todavía en flor.

Marta se une a Él poco después.

'Señor, Lázaro Te ha hablado?'

'Sí, Marta, lo hizo.'

'Lázaro no puede poner su mente en reposo desde que él es consciente de que Tú sabes y que lo has visto...'

'¿Cómo lo sabes?'

En primer lugar, que el hombre que estaba Contigo y dijo que es Tu discípulo: el joven, alto, moreno, bien afeitado... entonces Doras. Doras arremetió contra Ti con su desprecio, el discípulo sólo dijo que Tú la habías visto en el lago... con sus amantes...'

'¡No llores por eso!' ¿Crees que soy inconsciente de tu herida? Yo era consciente de ello desde que estuve con el Padre ... No te desanimes, Marta. Levanta tu corazón y tu cabeza.'

'Ora por ella, Maestro. Yo oro ... pero no puedo perdonar por completo y tal vez el Padre Eterno rechace mi oración.'

'Tienes razón: hay que perdonar para ser perdonado y oído. Yo ya oro por ella. Pero Dame tu perdón y a Lázaro. Tú, una buena hermana, puedes hablar y lograr aún más que Yo. Tu herida es demasiado dulce y delicada para que Mi mano la toque, incluso ligeramente. Tú puedes

hacerlo. Dame tu perdón santo completo, y lo haré...'
'Perdona... Nosotros no seremos capaces. Nuestra
madre murió de pena por sus malos actos y... aún eran
leves comparadas con las actuales. Veo la tortura de mi
madre... que siempre está presente para mí. Y veo lo que
está sufriendo Lázaro.'
'Ella está enferma, Marta, y loca. Perdónala.'
'Ella está poseída, Maestro.'
'¿Y qué es la posesión diabólica, sino una enfermedad
del espíritu infectados por Satanás en la medida que
degenera un ser espiritual diabólico? ¿Cómo pueden
algunas perversiones en los seres humanos explicarse
de otra manera? Perversiones que hacen al hombre
más feroz que las bestias, más lascivo que los monos
y así sucesivamente y hacen un híbrido, en el que el
hombre, los animales y demonios se mezclan. Esa
es la explicación de lo que nos sorprende como una
monstruosidad inexplicable en tantas criaturas. No
llores. Perdona. Veo. Porque Mis ojos son más agudos
que la visión de los ojos del corazón. Veo a Dios. Veo. Yo
te digo: perdónala, porque está enferma.'
'¡Cúrala entonces!'
'Voy a curarla. Ten fe. Yo te haré feliz. Pero perdona y dile
a Lázaro que perdone. Perdónala. Ámala. Se amable con
ella. Habla con ella como si fuera como tú. Habla con ella
de Mí...'
'¿Cómo esperas que ella Te entienda, a Ti el Santo?'
'Puede que ella no parezca entender. Pero Mi nombre, ni
siquiera por Sí mismo, es la salvación. Consigue que ella
piense en Mí y menciona Mi nombre. ¡Oh! Satanás huye
cuando un corazón piensa en Mi nombre. Sonríe, Marta,
en esta esperanza. Mira esta rosa; la lluvia de los últimos

días la había echado a perder, pero mira, el sol de hoy lo ha abierto y es aún más hermosa, porque las gotas de lluvia en los pétalos la adornan con diamantes. Tu casa será así... lágrimas y tristeza, ahora, y más tarde... la alegría y la gloria. ¡Ve! Dile a Lázaro, mientras que Yo, en la paz de Tu jardín, rogaré al Padre por María y por ti...'

www.ingramcontent.com/pod-product-compliance
Lightning Source LLC
Chambersburg PA
CBHW060020050426
42448CB00012B/2820